AF466809

DES

ANOMALIES DE L'HOMME

DE LEUR FRÉQUENCE RELATIVE

PUBLICATIONS DE L'AUTEUR

DE L'ATRÉSIE DES VOIES GÉNITALES DE LA FEMME

Paris; 1864, in-4°. — Prix : 5 fr.

DE L'HÉMATOCÈLE PÉRI-UTÉRINE

Paris, 1861, grand in-8°. — Prix : 1 fr. 50

MÉMOIRE COURONNÉ PAR LA SOCIÉTÉ DES SCIENCES MÉDICALES DE BRUXELLES

DE L'HÉMATOCÈLE PÉRI-UTÉRINE ET DE SES SOURCES

Montpellier, 1858, 1 vol. in-8°. — Prix : 3 fr.

DE L'APOPLEXIE DES OVAIRES

Montpellier, 1856, broch. in-8°. — Prix : 1 fr.

ÉTUDE SUR UN MONSTRE DOUBLE

COMPLIQUÉ DE DEUX AUTRES MONSTRUOSITÉS, AVEC PLANCHE LITHOGRAPHIÉE

Montpellier, 1856, in-8°. — Prix : 1 fr.

NIMES. — TYP. CLAVEL-BALLIVET ET Ce, RUE PRADIER, 12.

DES

ANOMALIES

DE L'HOMME

DE LEUR FRÉQUENCE RELATIVE

PAR

le Dr Albert PUECH

Médecin adjoint du Lycée de Nîmes, membre de l'Académie du Gard, de l'Académie des Sciences et Lettres de Montpellier, de la Société de Médecine de Bordeaux, de la Société des Sciences médicales et naturelles de Bruxelles

PARIS
F. SAVY, LIBRAIRE-ÉDITEUR
24, RUE HAUTEFEUILLE, 24

1871

DES ANOMALIES DE L'HOMME

DE LEUR FRÉQUENCE RELATIVE

Recherches statistiques pour servir à l'histoire de la tératologie

Parmi les sciences d'origine contemporaine, l'une des plus intéressantes est sans conteste celle qui, sous le nom de tératologie, traite des anomalies de l'organisation. Constituée dès les premières années du siècle, sous l'impulsion féconde de quelques savants, au premier rang desquels il convient de placer Etienne et Isidore Geoffroy-Saint-Hilaire, elle a, comme toutes les sciences d'observation, deux parties bien distinctes : l'une consacrée à la classification des espèces, à l'exposé descriptif de leurs caractères anatomiques; l'autre, plus élevée dans ses visées, mais en même temps moins avancée dans son histoire, s'occupe de la recherche des causes, de la découverte des lois de production.

Après avoir, dans des travaux partiels publiés de 1854 à 1858, soit dans les Comptes rendus de l'Académie des Sciences, soit dans la presse médicale, apporté un modeste contingent à la partie descriptive, on a aujourd'hui l'ambition d'aborder l'étude des généralités. Mettant à profit, avec les faits recueillis dans la pratique, ceux plus nombreux consignés dans la presse médicale de ces vingt dernières années, on se propose d'établir tour à tour : 1° le rapport entre les êtres bien conformés et les êtres anormaux ; 2° les causes qui favorisent la production de ces derniers ; 3° la fréquence relative des anomalies et des monstruosités.

Malgré l'étendue de ce cadre, les difficultés de l'exécution, la rareté des matériaux, l'auteur ne s'est point laissé décourager ; il a persévéré quand même, espérant que l'originalité de l'entreprise lui ferait trouver indulgence auprès du lecteur. A quoi bon le cacher? il a seulement ébauché la matière, il n'a point atteint complètement le but poursuivi, mais il a du moins la conscience de n'avoir rien négligé pour y parvenir.

§ I.

Considérations préliminaires.

Le rapport à établir entre les êtres bien conformés et les êtres monstrueux ou anormaux, est un problème qui a eu dans tous les temps, à raison de son intérêt philosophique, le privilége d'appeler l'attention des meilleurs esprits. La tératologie était encore dans l'enfance, que déjà on se préoccupait de rassembler les éléments de la solution ; les savants du XVIIIe siècle, Ruysch, Wrisberg, Autenrieth, comme ceux du XIXe siècle ont tenu à honneur d'y concourir ; et pourtant, en dépit de ces efforts multiples, à l'heure d'aujourd'hui la solution n'est point encore acquise, à moins qu'on veuille donner ce nom aux assertions contradictoires existant dans la science.

A l'occasion de chaque espèce en particulier, mais surtout à propos de celles qui sont combattues avec succès par la chirurgie, les auteurs qui se sont livrés à cette recherche sont loin d'être en accord parfait : au contraire, il est plus commun de les voir différer, les uns caractérisant de fréquent le phénomène que d'autres avaient taxé de rare. Ce désaccord, dont il est superflu de consigner des exemples tant ils sont répandus, a sa source dans la méthode usitée en pareille matière : au lieu d'asseoir son appréciation sur l'ensemble des faits, on juge d'après le souvenir de ses lectures, les résultats de son expérience personnelle. Il est à peine besoin de le remarquer, les jugements portés de cette façon ne sauraient avoir une valeur sérieuse ; le procédé est sans doute expéditif, mais il est essentiellement défectueux ; il ne fait point la part du hasard, qui est grande alors qu'il s'agit de cas rares : tel praticien pouvant être favorisé à l'exclusion de tel autre, telle série de circonstances fortuites pouvant amener, dans un temps relativement très-court, deux ou trois faits qui ne se représenteront plus durant longues années. Par des recherches incessantes, minutieuses, faites à travers les livres de tous les temps, de tous les pays, on peut, il est vrai, arriver à une appréciation moins inexacte ; mais, outre que l'érudit est une véritable rareté, on obtiendra par cette voie une partie seulement de la solution ; on sera en droit de dire, telle anomalie est plus commune que telle autre, mais on ignorera le rapport existant entre celle-ci et les sujets normalement conformés.

Pour avoir la solution tout entière, on doit, en conséquence, procéder d'une autre façon; laissant de côté les faits particuliers, les enseignements d'une pratique forcément restreinte, il faut opérer sur de grands nombres, prendre par exemple une collection d'individus dans des conditions identiques pour tirer de leur examen comparé la proportion recherchée. En un mot, le meilleur, le seul instrument est la *méthode numérique*, c'est-à-dire la *statistique raisonnée;* mais celle-ci pouvant être appliquée dans diverses circonstances de la vie, on a à discuter préalablement l'époque où son emploi est le moins sujet à erreur.

Par le fait de la loi militaire, l'âge de vingt ans est celui sur lequel on pourrait avoir le plus de renseignements, si, à l'imitation d'un médecin distingué, Rennes, de Bergerac, tous les chirurgiens chargés de l'examen des conscrits avaient publié les résultats obtenus dans leurs tournées de révision. Malheureusement il n'en est rien : à part quelques travaux remontant à ces dernières années et circonscrits aux principales causes d'exemption (Boudin, Devot, Sistach), on a un cadre immense qui reste encore à remplir. Cette lacune est regrettable, mais le tératologue eût puisé là des données particulières et non des données générales; il eût été renseigné, il est vrai, sur les anomalies compatibles avec la vie, mais il ne l'eût été que pour le sexe masculin (A).

Les documents recueillis sur les malades qui peuplent les salles d'un grand hôpital ont plus d'importance, mais ils n'en motivent pas moins de nombreuses restrictions relatives au milieu dans lequel on observe et à la classe intéressante, mais toujours la même, qui en fournit les éléments. En 1855, j'ai commencé des recherches de ce genre à l'Hôtel-Dieu de Toulon, où j'étais alors attaché en qualité de chirurgien-chef interne, et ai ainsi constaté sept anomalies sur les 6,500 malades qui s'étaient succédé dans les divers services. Mon enquête s'est arrêtée là, non faute de matériaux, mais parce qu'il m'était venu des doutes sur leur valeur absolue, l'hôpital étant par sa nature le point où convergent tous les cas difficiles à guérir, et, par sa composition, devant donner des matériaux incomplets. Pendant les deux dernières années de mon service, j'ai continué à recueillir une ample moisson de cas rares; mais, à défaut de chiffres précis, je ne saurais assigner leur rapport proportionnel avec le nombre des malades traités. J'ai trouvé, depuis, une tentative de ce genre, dont voici les résultats en quelques traits : à Vienne, en Autriche, il fut soigné, pendant l'année 1858, à l'Hôpital-Général de cette ville, 23,320 malades, sur lesquels on nota seize monstruosités ; d'où le rapport de 1 à 1457. Sur 1232 autopsies faites dans la même année, on trouva quatre anomalies ; d'où le rapport de 1 à 308. Il est encore d'autres documents, mais ils seront passés sous silence ; car ils ont une moindre importance que ceux dont il reste à parler ; ils sont fautifs par ce fait qu'ils concernent une seule et même classe de la société, portent en général sur des sujets avancés en âge, plus souvent masculins que féminins, et par conséquent laissent dans l'ombre les nombreuses déviations qui frappent mortellement l'enfant dans le sein maternel ou peu après la naissance.

Les données statistiques fournies par les hôpitaux spécialement destinés à l'enfance, ont plus de valeur à ce point de vue, sans être cependant tout-à-fait irréprochables : comme les précédentes, elles ont l'inconvénient de concerner la classe des deshérités, et de porter seulement sur les anomalies compatibles avec la vie dans une certaine limite. Pour ces raisons, on s'est abstenu de les relever dans leur integralité ; on en citera pourtant un exemple : ainsi, sur 17,675 enfants traités à Vienne, pendant deux années consécutives, on a constaté 46 anomalies ; soit la proportion 1 : 384. Pour le dire en passant, cette proportion se rapproche beaucoup plus que la dernière de ce que l'on croit être la vérité, mais elle n'est pas toutefois l'expression fidèle de la fréquence des anomalies, en général ; aussi n'a-t-on pas cru devoir s'y arrêter et en énumérer les éléments constitutifs.

On peut rechercher encore la solution du problème dans les constatations médicales nécessitées par les décès dans les grands centres de population. Cette manière de procéder, préférable aux précédentes, en ce qu'elle comprend tous les âges de la vie, toutes les classes de la société, n'est pas cependant exempte de reproches, vu les difficultés d'une véritable enquête scientifique, vu les conditions spéciales et douloureuses dans lesquelles s'effectue l'examen forcément rapide. Abstraction faite de ces réserves, il y a lieu de tenir un compte sérieux des résultats ainsi obtenus, et d'exprimer le regret qu'il en existe dans la presse médicale un exemple seulement. Sur 48,579 personnes mortes à Londres pendant l'année 1850, Funck (Schmidt's Iahresbericht, t. LXXI, p. 226) a noté 94 monstruosités ; soit une monstruosité pour 517 individus. Cette proportion est encore au-dessus de la vérité, ou, pour être plus rigoureusement exact, elle est au-dessus de la moyenne établie plus loin ; et cette particularité, jointe aux conditions défectueuses dans lesquelles elle a été recueillie, nous amène à la rejeter, sinon d'une façon absolue, du moins jusqu'à plus ample informé.

A tous les points de vue, le moment de la naissance doit être choisi ; car il offre toutes les garanties ambitionnées par un statisticien rigoureux et consciencieux. Pendant les premiers jours de la vie, l'enfant est soumis à un examen minutieux, les moindres particularités sont relevées avec soin, à plus forte raison les anomalies dont son corps peut être le siége. Plus tard, on s'évertuera à les dissimuler ; pour le présent, on est préoccupé d'une pensée, y remédier : c'est dans ce but que l'on va de porte en porte demandant avec instance une guérison, et c'est pour ce motif qu'il faut mettre en quarantaine les données fournies par les médecins célèbres, leur pratique étant encombrée de cas exceptionnels, et étant par suite une image grossie de ce qui existe en réalité.

A défaut des statistiques officielles, qui n'ont jamais été faites à ce sujet et qui seraient forcément infidèles à raison des difficultés d'exécution, on est conduit tout naturellement à mettre à contribution les statistiques officieuses existant dans la science. Malgré la pénurie des matériaux, le désir de baser ses conclusions sur force documents, on ne les a point ramassées à tout hasard, mais on a exigé pour condition première qu'elles tinssent un compte exact du nombre des enfants nés soit dans un établissement public, soit dans une période déterminée de la vie d'un praticien. Ainsi, pour des raisons faciles à comprendre, on admettra seulement dans ces statistiques particulières, les enfants issus d'accouchements auxquels le médecin a participé, et on laissera de côté les anomalies à l'occasion desquelles il a été consulté ou qui ont été constatées accidentellement. Afin d'éviter toute équivoque et d'échapper à l'erreur, on a cru devoir procéder de cette façon : à tous égards, cette manière d'agir a paru la meilleure et tout à la fois la plus rigoureuse.

Avant d'aborder l'exposé minutieux de cette enquête statistique, je montrerai l'état présent de la science sur la question, en énumérant les résultats auxquels sont arrivés ceux qui m'ont précédé dans cette voie. La liste en est courte, les résultats en sont contradictoires ; aussi, après en avoir pris connaissance, on comprendra, sans que j'insiste plus longuement, la raison d'être de ces nouvelles recherches.

Ruysch dit avoir trouvé deux fœtus monstrueux sur douze ; Wrisberg, deux sur cinq ; Autenrieth, trois sur dix-neuf. Par contre, Mauriceau, qui rapporte 850 faits dans ses *Observations sur la grossesse et l'accouchement* (Paris, 1695), a négligé cette recherche ; mais si, à son défaut, on dépouille cette collection de faits, on relève neuf anomalies ou monstruosités : ce qui donne une proportion sensiblement différente et s'approchant davantage de la vérité. Pourtant ce renseignement n'a point toute la rigueur désirable pour être utilisé ; car s'il déclare avoir choisi ses observations sur plus de trois mille, nulle part il ne donne le chiffre exact des naissances, nulle part il n'indique que ce sont là les seules anomalies rencontrées. Dans sa *Pratique des accouchements* (Paris, 1693), Peu consacre un chapitre à ce sujet et décrit sept monstruosités ; mais comme il n'a pas signalé les anomalies de moindre importance, on a dû négliger la proportion ressortant des cinq mille accouchements qu'il se vantait d'avoir pratiqués. On trouve également, dans l'ouvrage de Mauquest de la Motte, un chapitre spécial; mais cet auteur est encore moins précis que ses illustres devanciers, car ni le chiffre des naissances ni celui des anomalies ne sont consignés en aucun endroit, même approximativement.

Il faut venir jusqu'à Chaussier, et à l'année 1812, pour trouver un document statistique irréprochable; mais malheureusement cet exemple, bien que venu de haut, n'a guère eu d'imitateurs. Dans son *Compte rendu de la Charité de Lyon*, Martin le jeune ne précise ni le chiffre des naissances ni celui des anomalies énumérées pour la plupart. Dans son *Histoire des anomalies*, Isidore Geoffroy-Saint-Hilaire indique une monstruosité pour trois mille accouchements; mais ce rapport est le résultat d'un calcul de probabilités et non d'un relevé rigoureux. Sur 219,538 naissances étudiées par Riecke dans le royaume de Wurtemberg, il aurait été observé 47 monstruosités, soit le rapport 1 : 4618. A en croire les recherches d'A. Mencer Adam, (*Monthly journal*, *March and May* 1854), le rapport serait considérablement différent : à Vienne, la proportion entre les accouchements simples et les anomalies serait comme 1 : 341, et à Paris comme 1 : 176. Enfin, A. Fœrster, en dépouillant les comptes rendus des Maternités de Prague (1842), d'Emden (1820-43), de Berlin (1836-41), de Breslau (1849-50), de Christiania (1849), de Gœttingue (1847-49), de Stuttgard (1850-51), et de Stockholm (1849), a, sur un total de 8,386 naissances, relevé 60 anomalies; soit la proportion de 1 : 139.

Ces divergences considérables (elles vont de 2 $^1/_2$ à 4,618) tiennent à la faiblesse des chiffres sur lesquels on a opéré, au défaut de méthode, ou mieux à l'absence de plan uniforme avec lequel ils ont été recueillis, mais surtout au sens variable attaché par les auteurs aux mots *anomalie* et *monstruosité*. Pour éviter ces divers écueils, véritables pierres d'achoppement contre lesquelles sont venus se briser tous ceux qui, incidemment ou de propos délibéré, ont abordé une semblable étude, on a cherché à faire mieux en s'appuyant sur des documents plus nombreux, sur des statistiques rigoureusement établies, donnant, avec le chiffre exact des naissances, l'indication de toutes les anomalies ou monstruosités observées.

Convaincu par avance qu'un travail de ce genre n'a de valeur qu'à la condition de reposer sur une masse imposante de faits, on n'a rien négligé pour lui assurer cette qualité : non-seulement on a dépouillé les recueils français, allemands, anglais, recherchant avec plus de persévérance que de succès les rares statistiques d'accouchements dans lesquelles cette mention est inscrite, mais encore on a, par des lettres écrites à divers médecins des principales villes, sollicité des documents. Tous n'ont pu répondre à cet appel, mais MM. les docteurs Godefroy, de Rennes ; Delore, de Lyon ; Bonnet, de Poitiers ; Mattei, de Paris ; Liégeard, de Caen ; qui ont bien voulu concourir à cette entreprise en transmettant les résultats de leur pratique, me permettront de leur exprimer ici mes sincères remercîments (B).

Je prie également ceux de mes lecteurs qui auraient des documents de ce genre, de vouloir bien me les adresser ; leur envoi sera accueilli avec empressement, et utilisé dans un travail ultérieur beaucoup plus considérable.

§ 2.

De la fréquence des anomalies en général.

La fréquence des anomalies en général s'établit d'après le rapport présenté par celles-ci avec le nombre total des naissances relevées; la fréquence relative se tire au contraire du rapport particulier qu'elles présentent entre elles. L'une et l'autre notion varient, suivant l'observateur, le milieu dans lequel il est placé, la classe faisant l'objet de ses observations, etc.; l'écart peut même, suivant les circonstances, être assez considérable : ainsi, tandis que, pour les 778 naissances recueillies en seize années de pratique hospitalière et civile, j'ai trouvé la proportion de 1 à 111, il est des auteurs qui ont accusé une proportion tantôt plus faible, tantôt plus forte. Quand elles sont renfermées dans de justes limites, il n'y a pas lieu de s'étonner de ces variations; elles sont, pour ainsi parler, dans l'essence des choses; mais lorsque l'écart est par trop fort, on est en droit d'en rechercher les raisons, et on est amené à en suspecter, sinon l'authenticité, du moins l'exactitude scientifique.

Au milieu de documents d'origine multiple et de provenance diverse, la critique n'est pas absolument désarmée; quel que soit le rapport établi, elle est autorisée à se demander si, pour une cause quelconque, quelques-uns des éléments du problème n'ont pas été tantôt élagués, tantôt grossis outre mesure. La statistique publiée par MM. Lever et Oldham (Guy's Hospital, 1847-54) a dû, pour le premier motif, être complètement rejetée; car il n'est pas croyable que sur

11,328 enfants, il ne se soit pas montré à l'observation un seul exemple d'anomalie partielle : il est plus vraisemblable que les auteurs ont passé sous silence ces derniers de propos délibéré ; car les quatre cas signalés (3 anencéphales, 1 symèle) sont de véritables monstruosités ; et, comme on le démontrera plus loin, celles-ci sont beaucoup moins communes que les anomalies simples. On peut en dire autant d'une statistique empruntée à Abegg ; tandis que, dans sa pratique privée, il a, sur 386 enfants, relevé 6 anomalies ; à l'hôpital de Dantzig sur 5,313 enfants, il en signale seulement trois (1 dicéphale, 1 cyclope, 1 exencéphale). Or, en présence de ce résultat disparate, on peut affirmer, sans crainte d'être démenti, qu'il y a eu d'autres anomalies négligées par l'auteur, faute de renseignements précis. Pour ce motif, on a dû ne pas tenir compte de ces documents et de bien d'autres qu'il paraît superflu de mentionner, et se contenter de ceux dans lesquels l'écart est moins considérable.

On a été moins sévère à l'égard des proportions péchant par l'excès contraire, et on les a admises sans contestation, toutes les fois qu'elles ont été basées sur des statistiques détaillant les cas observés. On n'a pas eu la même indulgence à l'égard de celles qui n'entraient dans aucun détail, faute de pouvoir contrôler le sens attribué au mot anomalie, apprécier l'extension plus ou moins grande qui lui avait été donnée. Ainsi, les auteurs qui comprennent sous ce nom le développement du filet, les fausses sutures, les fausses fontanelles, l'enfoncement du crâne, etc., doivent fatalement accuser une proportion tout autre que ceux qui les déduisent. On a dû, pour cette raison, écarter quelques documents publiés et négliger notamment un document inédit concernant la maternité de Turin. Comme je l'ai écrit à M. le docteur Dureau, qui me l'a obligeamment fourni, je ne puis croire que, sur 1826 accouchements, il ait été constaté 128 anomalies (1 : 14), à moins de faire subir à ce mot une extension démesurée et tout à fait insolite. Sans doute il y a eu et il y aura de tout temps, dans la vie du praticien, de singulières coïncidences, des successions répétées de cas rares, de véritables séries; mais celles-ci, bien connues de tout observateur, ont en général une durée passagère et ne se montrent jamais sur une aussi vaste échelle. Pour en citer un exemple approprié à la matière, j'ai rencontré quatre anomalies sur une centaine de naissances; mais cette proportion exagérée a été corrigée par la marche du temps, et, depuis huit ans au moins, il ne s'en est plus produit, à mon grand bonheur, dans ma clientèle. Cette circonstance de l'influence des séries qui, pour être inexpliquée, n'en est pas moins réelle, devrait faire mettre en quarantaine les statistiques relatives à un petit nombre de naissances; mais, après réflexion, elles m'ont paru devoir être conservées. Elles sont à plus d'un titre un enseignement précieux, et, perdues dans la masse, elles sont compensées par les proportions trop élevées.

On me dispensera d'insister davantage sur ces considérations préliminaires; à quelque point de vue qu'on se mette, ce qui vient d'être dit suffit pour montrer avec les difficultés de l'entreprise, le soin scrupuleux apporté au choix relatif des matériaux. Engagé dans une étude neuve à plus d'un titre, obligé par la force des choses à emprunter de tous côtés des documents de provenance variée, on a dû se montrer rigoureux à leur égard, sous peine de fausser la plupart des résultats obtenus. On a élagué ainsi des chiffres considérables, on a diminué volontairement le total des cas soumis à l'enquête, mais du moins on a donné à cette étude une cohésion plus grande, une sorte d'homogénéité, et on a augmenté sensiblement les chances d'approcher de la vérité.

Est-ce à dire que les matériaux utilisés aient une égale valeur et soient irréprochables du premier jusqu'au dernier ? Je l'avoue en toute franchise, je n'en crois rien ; et au risque de diminuer la valeur de mon travail, d'amoindrir la confiance sollicitée par mes laborieuses recherches, je n'hésite pas à le proclamer hautement. A dire le vrai, en tant que chiffres, les résultats obtenus sont mathématiquement exacts ; mais en tant que donnant le rapport général entre les naissances et les anomalies, en tant qu'exprimant la proportion recherchée, ils doivent être considérés comme une approximation et restent susceptibles d'être modifiés, soit dans un sens soit dans un autre. Quelle que soit l'école à laquelle on appartient, quelles que soient les tendances de l'esprit, on ne doit point se laisser séduire par la rigueur apparente des statistiques ; en pareille matière, les chances d'erreur sont si multipliées, les variations si grandes, les écarts si considérables, qu'il faut se prémunir contre tout entraînement irréfléchi, et ne porter un jugement définitif que lorsque des recherches répétées auront établi la concordance des résultats obtenus par divers auteurs.

Sous le bénéfice de ces réserves, applicables à tout travail de ce genre, mais plus particulièrement spéciales à une étude analogue à la nôtre, puisque, entre la proportion la plus faible et la proportion la plus forte, il y a un écart de 522, on va procéder à l'exposé des résultats généraux ; mais auparavant, on croit devoir dire en quelques traits la marche suivie, l'économie adoptée dans le classement des matériaux utilisés. Désireux de simplifier autant que possible, de réduire aux proportions les plus modestes cette énumération, fastidieuse sans doute, mais rigoureusement indispensable, on a rassemblé dans une série de tableaux ces divers documents, véritables pièces justificatives de ce travail. En vue de le rendre plus facile à consulter, le premier tableau, qui est en même temps le plus important, a été distribué dans l'ordre alphabétique; comme aussi, en vue de lui donner une moindre étendue, on a réuni sous une seule indication plusieurs statistiques faites par le même auteur : telle est la conduite suivie à l'égard de Grenser, directeur de la maternité de Dresde, et d'E. Martin, directeur actuel de la clinique obstétricale de Berlin. En regard du premier nom, on a groupé les résultats des 52 statistiques partielles qu'il a publiées, et en regard du second nom, on a groupé les résultats des 22 statistiques publiées par lui ou par ses *assistants*. En faisant connaître la majeure part des documents relatifs à l'enquête entreprise, ce tableau indique, dans une première colonne, le nom de l'observateur ; dans une seconde, la ville où il a recueilli ses observations ; dans une troisième, le nombre de naissances relevées ; dans une quatrième, le chiffre des anomalies constatées ; dans une cinquième, la moyenne proportionnelle ; enfin, dans une dernière, l'indication bibliographique, soit de l'ouvrage, soit du journal dans lequel les documents ont été puisés.

Ier TABLEAU.

Exposé des documents étrangers.

Nos d'ordre.	OBSERVATEURS.	VILLES.	NOMBRE d'enfants.	Anomalies.	RAPPORT.	INDEX BIBLIOGRAPHIQUE.
I	Abegg	Dantzig......	386	6	1 : 64	*Mon. f. Geburtsk.*, t. 25, p. 32.
II	Adelmann	Fulda	164	1	1 : 164	*Gazette méd.*, Paris, 1840, p. 794.
III	Behm	Stettin.......	689	11	1 : 62	*M. f. Geburtsk.*, t. 17, p. 472.
IV	Birnbaum.......	Cologne......	1,682	14	1 : 120	*Id.* t. 16, p. 355-467, t. 25, suppl. h. p. 209.
V	Bossi..........	Grœtz.	3,496	8	1 : 437	*Œster. Zeitsch. f. Pr. Heilk.* 1862, nos 28-35.
VI	Braun..........	Trente.......	415	2	1 : 209	*Zeits. d. Ges. d. Aertze zu Wien* 1856, Juli Aug.
VII	Breslau........	Zurich.......	159	"	"	*Jahresb. d. m. Wesens cl. cant. Zurich.* 1863
VIII	Brümmerstadt...	Rostock......	916	3	1 : 305	*Bericht aus d. centr. Hebamm. Lehranstalts*, 1866.
IX	Busch..........	Berlin.......	6,101	11	1 : 554	*M. f. Geburtsk.*, t. 4, p. 355.
X	Collins, ...	Dublin.......	505	2	1 : 254	*Gaz. méd.*, Paris, 1860, p. 115
XI	Credé	Leipzig......	1,817	30	1 : 60	*M. f., Geburtsk.*, t. 15, p. 295.
XII	Faye	Christiania...	154	1	1 : 154	*Id.* t. 2, p. 284.
XIII	Fœrster........	Allemagne. ..	8,386	60	1 : 139	*Die Misb. d. Menschen*, Iéna, 1861, p. 6.
XIV	Grenser	Dresde	17,869	114	1 : 156	*Ber. u. d. Ereign. d. k. s. Entb. zu Dresden*, 1864.
XV	Haggeney	Greifswald ...	611	2	1 : 305	*Greifswald's med. Beitræge*, 1863, t. 1, p. 72.

XVI	Hartmann......	Stuttgard ...	432	9	1 : 48	*Med. corresp. Blatt*, 1864, 28 jan., 4 febr.
XVII	Hecker.........	Munich......	2 944	25	1 : 117	*M. f. Geburtsk*, t. 20, p. 312; t. 24, 50; t. 28, p 209.
XVIII	Hofman........	Munich......	92	2	1 : 46	*Id.* t. 1. p. 392.
XIX	Hohl...........	Halle........	1,394	7	1 : 199	*Id.* t. 1, p. 27; t. 2 p. 284; t. 6, p. 354; t. 10, p. 279; t. 15, p. 123, t. 17, p. 216.
XX	Hugenberger ...	S Pétersbourg	8,210	60	1 : 136	*Petersburg. med. Zeits.*, 1863, t. 4, p 200
XXI	Inconnu........	Vienne......	23,222	68	1 : 341	*Mencer Adam.* Monthly Journal, 1854.
XXII	Id.	Vienne......	57,086	161	1 : 354	*Aertzl. Bericht. d. k. k. Gebar. u. Findelh.* 1854-55-56-63-64.
XXIII	Id.	Westminster.	1,923	8	1 : 240	*Transact. philos.*, 1781.
XXIV	Jörg...........	Leipzig......	96	3	1 : 32	*Allg. med. Annalen*, 1812. p. 91.
XXV	Koch..........	Iéna........	321	1	1 : 321	*Mon. f. Geburtsk*, suppl., t. 21 p 146.
XXVI	Madurowicz....	Vienne......	4,108	18	1 : 228	*Allg. Wiener med. Zeitg.* 1860, nº 25-29
XXVII	Ed. Martin......	Iéna, Berlin..	4,960	40	1 : 124	*M. f. Geb.* t. 6, p. 432; t. 12, p. 239. *Deutsche Klinik.* 1860, nº 49; 1861, nº 26.
XXVIII	Nagel..........	Berlin.......	1,673	15	1 : 111	*Berlin. Charité Annalen* 1860, t. 9, 1 livr.; t. 10, 1 livr; t. 11. 2 livr.
XXIX	Piazza	Palerme	447	3	1 : 149	*Gazette des Hôpitaux*, 1856, p. 270.
XXX	Retzius.........	Stockholm ...	510	4	1 : 127	*Mon. f. Geburtsk.*, t. 2, p. 63.
XXXI	Schworer	Bade (g. duché).	39,917	88	1 : 453	*Stat. Übers. d. Verch. Geburtsacten.* Friburg en Brisgau 1857.
XXXII	Sickel..........	Inconnu	12,696	27	1 : 470	*Schmidt's Jahresbericht*, t. 88, p. 116.
XXXIII	Siebold.........	Gœttingue ...	845	4	1 : 211	*M. f. Geburtsk*, t. 1, p. 205, t. 10, p. 34.
XXXIV	Sinclair.........	Dublin	13,933	47	1 : 296	*Pract. Midwifery*, London, 1858, p 389.
XXXV	Spaeth..........	Vienne	281	3	1 : 93	*Wiener Wochenschrift*, 1856.
XXXVI	Stadfeld	Copenhague..	4,791	32	1 : 149	Maternité, 1er avril 1865. — 31 mars 1869, c. par le docteur Dureau.
XXXVII	Streng	Prague	2,968	12	1 : 212	*Prager Vierteljahreschrift*, 1856, t. I, p. 119
XXXVIII	Wutscher......	Laybach	273	1	1 : 273	*Scanzoni's Beitraege*, 1860, t. 4, p 398.

Pour faciliter la composition typographique du premier et du troisième tableau, on s'est abstenu de donner les chiffres relatifs à la France, se réservant de consacrer à son pays une place spéciale. C'est là le but unique du second tableau ; il détaille l'ensemble des observations puisées à cette source, et présente en bloc les résultats fournis par les médecins étrangers.

Comme cela ne ressort que trop du petit nombre d'observations, les médecins français se livrent peu à ces sortes de recherches ; après avoir, dans le commencement de ce siècle, donné en quelque sorte le branle par le remarquable document de *Chaussier*, ils se sont généralement tenus à l'écart, et ont laissé à d'autres le soin de poursuivre l'œuvre projetée par le célèbre professeur de la faculté de médecine de Paris. Sans avoir la prétention d'avoir épuisé toute la littérature médicale de mon pays, je dois cependant dire que c'est faute de connaître d'autres statistiques, que j'ai dû quémander les documents inédits grossissant un peu le second tableau. J'espère qu'à l'avenir il n'en sera plus ainsi, et que tout médecin placé à la tête d'une maternité ou d'une clientèle importante, comprendra l'utilité scientifique d'apporter son contingent personnel au point en litige. Si tous les comptes rendus de maternités qui se sont publiés depuis plus d'un demi-siècle avaient donné cette notion, en énumérant simplement les anomalies rencontrées, la tératologie possèderait une masse de documents précieux, et la France n'aurait, sous ce rapport, rien à envier aux pays limitrophes.

IIe TABLEAU.

Documents relatifs à la France.

Nos d'ordre.	OBSERVATEURS.	VILLES.	Nombre d'enfants.	ANOMALIES.	RAPPORT.	INDEX BIBLIOGRAPHIQUE.
I.	Bonnet..............	Poitiers.....	862	3	1 : 287	Communication écrite.
II.	Chaussier...........	Paris........	22,293	132	1 : 169	Procès-verbal Maternité, 1812
III.	Delore..............	Lyon.......	4,541	11	1 : 413	Communication écrite.
IV	Dunal.............	Montpellier...	200	1	1 : 200	Maternité, de Montpellier.
V.	Godefroy............	Rennes......	13,028	61	1 : 213	Communication écrite.
VI.	Legrand.............	Paris........	2,632	5	1 : 526	Maternité, 1835-36
VII.	Liégeard............	Caen........	304	6	1 : 50	Communication écrite.
VIII.	Mattei.............	Paris........	200	"	"	"
XI.	Puech..............	Toulon.......	200	5	1 : 40	Notes prises à la Maternité.
X	Puech..............	Nimes.......	578	2	1 : 289	Pratique civile.
	Total de la France..	....	44,841	226	1 : 198	
	Total du 1er tableau..	....	226,488	907	1 : 249	
	Total général.....	....	271,329	1133	1 : 239	

En résumé, en tenant compte de tous les apports, soit publiés, soit inédits, on arrive à un total de 271,329 naissances, sur lesquelles on a relevé 1133 anomalies, donnant la proportion 1 : 239. En d'autres termes, on peut constater une anomalie ou une monstruosité sur 239 naissances. Telle est du moins la moyenne ressortant des documents consultés ; on se borne à l'énoncer pour le moment ; en terminant on reviendra à son endroit, et on cherchera à établir sa valeur exacte et rigoureuse.

Examinées au point de vue de leur provenance, c'est-à-dire du pays dans lequel elles ont été recueillies, des zones territoriales créées par la politique, ces statistiques partielles se groupent de la façon suivante, et fournissent quelques données intéressantes mises en lumière par notre troisième tableau. Malheureusement, elles ne reposent pas sur des chiffres assez forts pour être définitives, et on les signale sans y attacher une importance considérable. Sous le bénéfice de ces réserves et en suivant la progression ascendante, on peut dresser une sorte de tableau qui devra être complété par la comparaison, et en quelque sorte la pondération du chiffre plus ou moins grand sur lequel ont porté les observations. Il est de toute évidence qu'une moyenne établie sur des milliers de naissances a plus de chances d'être exacte que celle qui ressort de l'étude de quelques centaines.

IIIe TABLEAU.

Documents distribués par État.

ETATS	VILLES.	Nombre d'enfants.		ANOMALIES.		MOYENNE.	OBSERVATEURS.
	Dublin........	13,933		47			Sinclair.
Angleterre.....	Dublin........	508	16,364	2	57	1 : 287	Collins.
	Westminster ..	1,923		8			Inconnu.
	Graetz........	3,496		8			Bossi.
	Laybach	273		1			Wutscher.
	Prague	2,968		12			Streng.
Autriche........	Trente........	418	91,862	2	273	1 : 340	Braun.
	Vienne	281		3			
	Vienne	4,118		18			
	Vienne	23,222		68			
	Vienne	57,086		161			
Gr. duché de Bade	....	39,917		88		1 : 453	Schworer.
Bavière.........	Munich	2,944	3,036	25	27	1 : 141	
	Munich	92		2			
Danemarck.....	Copenhague...	4,791		32		1 : 149	Stadfeld.
France...... ..	Paris...	25,125	44,841	137	226	1 : 198	V. IIe Tabl.
	Départements..	19,716		89			
Italie..........	Palermc	447		3		1 : 149	Piazza.
	Berlin	10,417		45			Busch, Martin, Nagel.
	Cologne.......	1,862		14			Birnbaum.
	Dantzig.......	386		6			Abegg.
	Fulda	164		1			Adelmann.
Prusse.........	Gœttingue....	492	19,571	2	112	1 : 174	Siebold.
	Greifswald	611		3			Haggeney.
	Halle	1,394		7			Hohl.
	Iena..........	2,640		22			Martin, Koch.
	Rostock.......	916		3			Brummerstaedt.
	Stettin...... .	689		11			Behm.
Russie	S.-Pétersbourg	8,210		60		1 : 137	Hugenberger.
	Dresde........	17,869		114			Grenser.
Saxe...........	Leipzig	96	19,782	3	147	1 : 134	Jœrg.
	Leipzig.......	1,817		30			Crede.
Suède..........	Christiania....	154	664	1	5	1 : 133	Faye.
	Stockholm.	510		4			Retzius.
Wurtemberg....	Stuttgart.	432		9		1 . 48	Hartmann.
Totaux généraux.	....	250,017		1,039		1 : 240	

Le Wurtemberg	a 1 anomalie	pour	48	naissances.
La Suède	—	—	133	—
La Saxe	—	—	134	—
La Russie	—	—	137	—
La Bavière	—	—	141	—
Le Danemarck	—	—	149	—
La Prusse	—	—	174	—
La France	—	—	198	—
L'Angleterre	—	—	287	—
L'Autriche	—	—	340	—
Le grand duché de Bade		—	453	—

A en juger par cette série de proportions, le Wurtemberg serait le pays le moins favorisé, tandis qne l'Autriche et le grand duché de Bade seraient à ce point de vue des contrées privilégiées; mais on doit ajouter, à titre de correction, que les chiffres sur lesquels on a opéré sont trop faibles pour avoir une valeur incontestée. Pour tout dire, ce tableau est sujet à révision et ne saurait être considéré comme l'expression exacte de la vérité; à mon sens, de nouvelles observations sont nécessaires, aussi me dispenserai-je d'insister plus longuement sur la gradation qu'il établit, et ne m'arrêterai-je point à en faire ressortir le défaut de concordance. En l'état de la question, il est préférable de s'abstenir que d'émettre des réflexions ayant un fondement défectueux.

M'appuyant sur les résultats de ma pratique personnelle, j'avais été amené à conclure que les anomalies étaient plus communes chez les enfants naturels que chez les enfants légitimes, et que, pour constater une défectuosité congéniale, il faudrait un nombre moindre d'enfants naturels. En conséquence de cette donnée, j'ai dû chercher à contrôler ce résultat par l'expérience d'autrui; mais, après force investigations, j'ai dû renoncer à asseoir cette proportion sur des chiffres autres que les miens. La plupart des documents signalent, il est vrai, les femmes mariées et celles qui ne l'étaient pas ; mais, lorsqu'ils énumèrent les anomalies rencontrées, ils se taisent à l'endroit de leur provenance. Il y a là une lacune qui mériterait d'être comblée à l'avenir. Quant à moi, sur 592 naissances d'enfants légitimes, j'ai constaté seulement une anomalie, tandis que les 186 naissances d'enfants naturels en ont fourni six exemples (1 : 31), c'est-à-dire la proportion la plus basse qui ait été relevée. On peut objecter, il est vrai et je l'accorde volontiers, que ces chiffres sont trop faibles pour faire force de loi; néanmoins ce résultat m'a paru assez saillant pour être signalé à l'attention.

Certes, je suis loin de prétendre que tout soit pour le mieux dans la société, et que les raisons sur lesquelles sont basés la plupart des mariages soient toujours les plus logiques et les plus conformes à la santé de la future progéniture ; mais, évidemment, à quelques exceptions près, dont il sera parlé plus loin, elles sont préférables à celles qui régissent les unions illégitimes les mieux assorties au point de vue physiologique. Autant, dans le mariage, la conception est vivement souhaitée, ardemment désirée; autant, dans les amours de contrebande, on en redoute jusqu'à la perspective : de là, des aberrations dans l'acte procréateur, et, par suite, des contre temps possibles dans l'évolution de l'être involontairement procréé. Sans parler des tentatives criminelles, des manœuvres dirigées contre l'embryon, ne faut-il pas tenir compte de la vie plus ou moins irrégulière menée par ces mères de hasard ; faire la part des contrariétés inhérentes à leur situation, de la striction exercée par les corsets en vue de dissimuler la grossesse? Evidemment, toutes ces circonstances réunies doivent avoir un retentissement sur le développement, sur l'organisation du produit de la conception, et rendre plus grande la proportion des vices de conformation.

Si cette manière de voir est exacte, comme tout tend à le faire admettre; si cette influence était démontrée, comme le font présumer les chiffres cités plus haut ; on devrait considérer la moyenne générale ressortant de ces recherches comme étant trop basse ; car, sinon la totalité, du moins la majeure partie des documents d'où elle a été extraite, concernent des enfants issus hors le mariage. A l'appui de cette remarque, on est en droit d'invoquer la proportion relative au grand duché de Bade : au lieu d'avoir trait à des maternités, à des maisons d'accouchements essentiellement peuplées par des filles-mères, elle est basée sur la totalité des naissances enregistrées dans ce petit pays pendant l'espace de quatre ans, de 1849 à 1853.

Cette particularité donne une place à part à cette brochure écrite pour fêter le quatrième anniversaire de la fondation de l'Université de Fribourg, et elle est, selon moi, la véritable raison du privilège qu'on est au premier abord tenté d'accorder au grand duché de Bade. Voilà l'explication véridique du petit nombre d'anomalies constatées, et voilà pourquoi si l'on reprend cette étude et si on l'effectue dans des conditions meilleures que celles que j'ai dû subir, on trouvera une proportion moyenne se rapprochant de celle relative à ce petit état. Quoi qu'il en soit, on ne fera un bon travail statistique et on n'arrivera à la solution vraie du problème qu'à la condition d'étendre ses observations à toutes les classes de la société.

§ III.

Des causes des anomalies.

Si, dès la plus haute antiquité, on a décrit, avec des détails plus ou moins exacts, les anomalies, les monstruosités dont l'organisation est susceptible, on ne saurait dire avec tout autant de justesse que, dès la même époque, on s'est occupé de rechercher les lois de leur production. Pendant longues années, que dis-je ? pendant des siècles, on n'en a eu nul souci ; et, au lieu de les interpréter comme elles méritaient de l'être, l'ignorance des hommes les convertit en objets d'épouvante, en présages de calamités. Dans les temps auxquels il est fait allusion, une famine, une guerre, une épidémie trouvaient toujours un précurseur dans la naissance de quelque être difforme contre lequel on n'hésitait pas à sévir. Non-seulement Sparte, mais encore la frivole Athènes, mais encore la Rome de la République et des Césars usaient de rigueur à l'égard de ces pauvres infortunés, et condamnaient impitoyablement à mort les enfants affectés de monstruosités. Pour échapper à l'action des lois, les anomalies de médiocre importance n'en étaient pas moins vivement redoutées : Cornélie, la mère des Gracques, étant née avec une imperforation de l'hymen, Pline le naturaliste affirme que c'est là un présage funeste, laissant entendre que le défaut congénial de la mère n'a pas été étranger au rôle révolutionnaire des fils.

Durant le moyen âge et la renaissance, on continua à appliquer les lois grecques et romaines, et c'est seulement en 1605 qu'un jeune docteur, Jean Riolan, avança, comme une nouveauté hardie, qu'on pouvait respecter les sexdigitaires, les macrocéphales, les géants et les nains, à la condition préalable de les soustraire à tous les regards; quant aux autres, il était sans miséricorde et voulait qu'on les étouffât immédiatement après la naissance.

Malgré cette regrettable concession aux préjugés de l'époque, cet appel aux idées d'humanité fut entendu et finit par avoir gain de cause. A l'épouvante fit place un sentiment de curiosité ; à la terreur succéda un certain intérêt, et au lieu de les détruire on respecta leur vie, s'attachant à les étudier, à les décrire avec un soin plus ou moins consciencieux. Cette tendance, depuis longtemps manifeste chez les médecins instruits, ne tarda pas à gagner du terrain, à s'étendre aux diverses classes de la société. Au milieu du XVIIe siècle, un médecin ayant constaté, à l'autopsie d'un homme, *une inversion des viscères*, cette anomalie fit un tel bruit que Molière s'en empara dans une de ses immortelles comédies, *le Médecin malgré lui*. En 1681, une femme ayant succombé aux suites d'une anomalie de la matrice, la reine Marie-Thérèse, femme de Louis XIV, commanda de lui apporter cet organe « Elle était pour lors, écrit Dionis (*Anatomie de » l'homme*, Paris 1705, p. 314) chez Madame la » Dauphine; Sa Majesté eut assez de curiosité pour » l'examiner très-longtemps. M. Daquin et M. Fajon, » médecins du roi, lui en dirent leur sentiment aussi

» bien qu'à madame la Dauphine et à quelques autres
» dames de la première qualité. Ce même jour, la reine,
» étant dans son cabinet accompagnée d'une seule
» dame, m'envoya dire par un valet de pied de lui
» remontrer cette matrice. Elle la regarda encore de
» tous côtés, et je répondis à toutes les questions
» qu'elle me fit là-dessus ».

Cette curiosité pour les phénomènes de la nature n'existait pas seulement chez les personnes de marque; elle était encore partagée par les classes moins favorisées. A l'appui de cette assertion on peut citer, d'une part, la présence de gens étrangers à la médecine à l'autopsie des enfants monstrueux; de l'autre, l'apparition de ceux-ci sur les champs de foire et leur exhibition dans des baraques. Au lieu de réclamer leur mort, comme on faisait moins d'un siècle avant, on payait pour être à même de les contempler; et au milieu de la foule des badauds attirés par le spectacle des misères humaines, venaient parfois se mêler de véritables savants, témoin le parasite observé en 1698 par Winslow, à la foire de Saint-Laurent, sur un italien âgé de dix-huit ans.

Avec cette appréciation plus juste des êtres monstrueux coïncida un progrès marqué dans l'exposition de leurs caractères constitutifs Sans doute, on rencontre encore des descriptions incomplètes ou même défectueuses; mais, rapprochées des récits fantaisistes consignés dans les ouvrages d'Ambroise Paré, de Fortunio Liceti, d'Aldobrandi, elles sont de véritables chefs-d'œuvre. S'il en est dans lesquelles l'amour du merveilleux n'a pas encore complètement perdu ses droits, s'il en est dans lesquelles l'imagination, cette folle du logis, se donne trop souvent carrière, il en est d'autres où l'exactitude domine, et où les détails inventés à plaisir brillent par leur absence.

On peut l'affirmer sans crainte d'être démenti, les inexactitudes deviennent de plus en plus rares avec le XVIIIe siècle, et la science, sans être véritablement constituée, possède du moins des matériaux sérieux, c'est-à-dire des faits observés avec logique et précision. Leur interprétation est loin d'être aussi avancée ; on considère encore ces phénomènes comme des effets du hasard, des jeux de la nature (*lusus naturæ*), comme si celle-ci, ennuyée de créer des types uniformes, éprouvait le besoin de varier ses produits. Cette idée, qu'on pourrait jusqu'à un certain point rattacher aux origines du Darwinisme, était un thème commode, facile à appliquer, mais d'une portée véritablement puérile : elle n'expliquait rien ; aussi n'eut-elle pas de défenseur, quand les progrès de la science lui substituèrent des doctrines plus sérieuses.

Il n'entre point dans mon dessein d'exposer tour à tour ces théories, encore moins de les discuter dans leur point de départ ; car pour aborder cette tâche avec fruit, et se reconnaître au milieu de ce dédale d'opinions contradictoires, il faudrait plus d'espace et de temps que je n'en ai à ma disposition. J'y reviendrai peut-être un jour ; pour le moment je me bornerai à dire qu'on explique tantôt par un arrêt de développement, tantôt par un excès de développement, tantôt par une maladie intra-utérine, les anomalies ou monstruosités dont le corps est susceptible.

Ainsi l'absence d'un ou de plusieurs doigts reconnaît un arrêt de développement pour cause immédiate ; l'existence d'un double pouce ou d'un double petit doigt, un excès de développement ; enfin, les cas décrits sous le nom d'amputations spontanées sont des preuves de l'action des membranes de l'œuf humain, alors qu'un phénomène morbide leur a fait contracter des adhérences anormales. Les ingénieuses expériences de M. Dareste sur les œufs de poule, la connaissance plus exacte des lois de l'évolution embryonnaire, ont, dans ces dernières années, éclairci quelques points, apporté de nouvelles et précieuses notions; mais, malgré ces efforts multiples, le mystère qui couvre la transformation de nos organes n'est point encore dévoilé; et malgré les découvertes effectuées, la question de la production des anomalies n'a pas avancé sensiblement. On a constaté quelques faits de plus touchant l'ovule originel; on a démontré par des observations rigoureuses les métamorphoses successives qu'il subit; mais on n'a pu saisir, sur le fœtus monstrueux, la cause qui avait présidé à la formation de la monstruosité.

Tel est, en quelques mots, l'état de la question; il est loin d'être satisfaisant, mais ce n'est pas une raison pour se décourager et ne point persévérer dans les recherches. Si la tératologie n'a pas marché sur ce point, comme on s'en flattait, c'est qu'elle n'a pas tenu compte de tous les éléments du problème. Sans doute il est bon d'être versé dans la connaissance de l'embryogénie; mais il faut encore ne rien ignorer des circonstances dans lesquelles la conception s'est effectuée, des troubles ou impressions survenus pendant les premiers temps de la gestation, des antécédents des père et mère, de leurs conditions de santé ou de maladie, etc., etc. Les effets les plus insignifiants en apparence ont parfois leur valeur; la chûte d'une pomme suggéra à Newton la théorie de la pesanteur, et qui sait si un phénomène de médiocre importance n'aura pas, pour le point en litige, des conséquences identiques?

Dès les temps les plus anciens, on a attribué à l'imagination des femmes enceintes, et même des animaux à l'état de gestation, la faculté d'imprimer à l'embryon les objets dont elle avait été vivement frappée. Au rapport de la Genèse, Jacob, en entrant au service de Laban, aurait spécifié de garder en propriété les brebis qui naîtraient de différentes couleurs; et, pour augmenter le nombre des portées qui devaient lui revenir, il aurait exposé des baguettes bigarrées devant les yeux des femelles pleines. Consulté sur la naissance d'un enfant noir dans une famille de blancs, Hippocrate aurait décidé que ce phénomène dépendait de l'impression produite par la vue d'un nègre sur l'esprit de la mère lorsqu'elle était enceinte, et aurait par ce jugement sauvé la réputation et la vie de cette femme accusée d'adultère. D'après le récit de Malebranche, une femme grosse, ayant voulu voir rompre un criminel dont le nom faisait du bruit, se glisse si adroitement à travers la foule qu'elle parvient au pied de l'échafaud, et, malgré l'effroi dont elle est saisie, elle a la patience d'attendre la fin du supplice. Au bout du temps ordinaire, elle accoucha d'un enfant imbécille et dont les os étaient pour ainsi dire brisés. Quelques années avant la Révolution, il est arrivé, à Paris, un fait à peu près aussi singulier. Une dame, prête à descendre de carrosse, fut accostée à la portière par un pauvre qui, en lui demandant l'aumône, lui présenta brusquement le moignon du bras. La dame, grosse depuis peu, s'effraie et tombe évanouie. Cette aventure ne lui sortit pas de la mémoire tout le temps de sa grossesse, et, chaque fois qu'elle en parlait, elle en était tout émue. Bref, elle accoucha à terme d'un enfant manchot. — Tout récemment on a cité un fait encore plus fort. Un homme avait dans son jardin un poirier chargé de trois poires auxquelles il tenait beaucoup. Un jour il s'aperçoit qu'une d'elles manque ; à cette vue, il entre dans un accès de colère si grand qu'il jure de faire couper les cinq doigts de la main à celui qui a commis le vol. Sa femme, qui était avec lui en ce moment et qui était alors enceinte, reçut une impression si vive qu'elle mit au monde un enfant, dont les mains étaient privées de doigts. Cet enfant, marié plus tard, eut une nombreuse progéniture, laquelle présenta la même difformité.

Voilà les faits cités à l'appui du rôle de l'imagination ; et, bien qu'ils aient été empruntés à toutes les époques de l'histoire, ils ne prouvent rien, sinon la crédulité de leurs rapporteurs. La Genèse ne dit pas si le procédé réussit à Jacob ; mais on peut affirmer que, s'il eut quelque succès, les béliers tachetés de noir y eurent plus de part que les baguettes bigarrées. Le jugement rendu par Hippocrate démontre son esprit plutôt que sa croyance médicale ; pour sauver une femme de la mort, il se fit avocat, et en homme de son temps il s'appuya sur les préjugés régnant en Egypte. Le fait évoqué par Malebranche est une observation de fracture congéniale des os, et se présente encore aujourd'hui assez fréquemment, quoique le supplice de la roue ait été aboli depuis longues années. Enfin, l'absence du bras ou des doigts a été observée plus souvent encore ; — j'en ai réuni, en 1857, une masse d'exemples, à l'occasion de mon mémoire sur l'ectromélie — et les mères, interrogées avec soin, n'ont pas accusé d'impressions morales analogues.

Cet argument n'est pas le seul qui puisse être invoqué, et il n'est pas de médecin qui n'ait reçu, dans sa pratique, la confidence de craintes semblables démenties par l'événement. Pour ma part, j'ai accouché plusieurs dames dont l'esprit était obsédé par cette pensée, et j'ai eu toutes les peines du monde à les rassurer à cet endroit. Avant d'être délivrée, l'une d'elles réclamait instamment l'examen de l'enfant, tant elle redoutait une malformation motivée par une forte impression ressentie au début de la grossesse; une autre ne voulait pas le regarder, tant elle était convaincue de trouver, sur son visage, une affreuse difformité.

L'historiette suivante, tirée d'un recueil allemand, n'est pas moins significative. Une dame, jeune, très-sensible, avait eu deux enfants, lorsque,au commencement d'une troisième grossesse, elle fut péniblement affectée par la vue d'un mendiant dont la main était vicieusement conformée. Elle en reçut une telle impression qu'elle s'évanouit et vomit à plusieurs reprises. Elle avait toujours devant les yeux ce spectacle, et ne recouvra un peu de calme que lorsque, sur le conseil du médecin, on eut placé dans sa chambre une belle main en plâtre. Malheureusement ce calme fut de courte durée : par une sorte de fatalité, quelques jours après, la main se brisa, les craintes reparurent et ne cessèrent qu'après la délivrance.

A moins de nier l'évidence, ces faits et d'autres que l'on s'abstient de relater témoignent contre le rôle attribué à l'imagination des femmes enceintes ; mais cela n'empêchera pas que, dans notre siècle où l'on invoque journellement la science, il ne se trouve des crédules qui transmettent intact ce préjugé populaire.

A l'encontre de la vérité, l'erreur a la vie dure; et plus elle remonte haut dans le passé, moins elle est facile à déraciner.

Après ce qui vient d'être dit, il serait superflu de s'arrêter aux envies de naissance, qui sont le degré le plus inférieur des anomalies, s'il ne fallait combattre l'opinion vulgaire qui établit une connexion intime entre celles-ci et les envies de grossesse. Sous la dénomination d'*envies de naissance*, dénomination vicieuse mais consacrée par l'usage, on désigne les taches de coloration variée que l'on constate en divers points de la surface cutanée. Variables de grandeur, de forme et de siége, elles sont tantôt l'effet de la dilatation des capillaires cutanés, tantôt la conséquence immédiate d'une altération du pigment naturel de la peau. Sous le rapport de l'étendue, elles varient grandement; tantôt à l'état de point, de saillies verruqueuses, tantôt occupant une ou plusieurs régions et même tout le plan postérieur du corps comme je l'ai vu sur une jeune fille. Elles peuvent être lisses, glabres ou couvertes de poils plus ou moins longs, à coloration noire, blonde, et parfois fauve. Rares sous la dernière forme, elles se présentent fréquemment avec des dimensions minimes; mais quelle que soit leur étendue, elles ne tiennent pas à une envie non satisfaite, comme on n'est que trop enclin à le croire, même dans les classes éclairées. J'en ai constaté un curieux spécimen sur un enfant issu d'une mère qui n'avait jamais eu ni envies, ni émotion; j'en ai, au contraire, vainement recherché l'indice sur un garçon dont la mère, nerveuse et impressionnable à l'excès, avait eu, durant la grossesse, les appétits les plus déréglés, les désirs les plus insensés.

La *fécondation*, effectuée pendant l'*ivresse*, est

heureusement un fait rare; mais pourtant il s'observe quelquefois, surtout dans les classes infimes de la société, au grand détriment de la progéniture; car il paraît avoir une certaine influence sur la production des anomalies. Mon attention était portée sur cette particularité par l'examen d'un enfant atteint de *spina bifida*, conçu le père étant dans un état complet d'ivresse, lorsque deux communications, faites en 1860 à l'Académie des Sciences, sont venues donner un véritable appui à cette circonstance étiologique. A en croire MM. Demeaux et Dehant qui en sont les auteurs, l'épilepsie (7 fois), la paraplégie congénitale (2 fois), l'idiotisme (1 fois), l'aliénation mentale (1 fois), relèveraient de cette origine, d'après les aveux précis des mères et même des pères. A s'en rapporter à la déclaration de l'un d'eux, buveur incorrigible, il finissait, pour faire usage de son expression, une neuvaine bachique au moment où il rendit sa femme enceinte. Plus récemment, M. Demeaux, revenant sur la question, a signalé l'ivresse du père au moment de la conception d'un monstre anencéphale. Est-ce là une simple coïncidence, ou bien faut-il voir une relation intime entre l'ivresse au moment de l'acte fécondant et la production du spina bifida et de l'anencéphalie? On n'ose encore se prononcer, à raison du petit nombre de faits; mais il est tant de présomptions, tant de probabilités à l'égard de la dernière opinion, qu'on n'hésite pas à appeler sur elle le contrôle des observateurs compétents.

Les *grossesses répétées*, surtout quand elles se succèdent à des intervalles très-rapprochés, paraissent exercer une influence sur la production des anomalies. Je pourrais en citer plusieurs exemples personnels, notamment celui d'une dame qui, après six grossesses et allaitements successifs, accoucha d'un septième enfant atteint de pied-bot valgus ; et d'une autre qui, après avoir eu neuf enfants bien conformés, en a eu un dernier chez lequel il existait une imperforation de l'œsophage. Sur 330 cas dans lesquels cette notion est inscrite, 90 seulement proviennent de femmes à leur première grossesse, et les autres sont issus de femmes ayant déjà eu un ou plusieurs enfants. Abstraction faite de 64 enfants pour lesquels le chiffre de la grossesse n'est pas précisé, les 186 restants se distribuent de la façon suivante :

72	Anomalies coïncidaient	avec une seconde	grossesse ;
50	—	avec une troisième	—
18	—	avec une quatrième	—
12	—	avec une cinquième	—
8	—	avec une sixième	—
5	—	avec une septième	—
3	—	avec une neuvième	—
1	—	avec une dixième	—
3	—	avec une onzième	—
2	—	avec une douzième	—
2	—	avec une quatorzième	—
2	—	avec une quinzième	—

Pour préciser la valeur de cette statistique, il serait bon de connaître le rapport proportionnel de ces divers chiffres ; malheureusement c'est une donnée qui ne peut être établie d'une manière exacte : aussi ce document est il consigné à titre de simple renseignement.

De semblables recherches devraient être étendues aux *grossesses doubles*, *triples* et même *quadruples*, afin de déterminer si la multiplicité des produits augmente, diminue ou même reste sans influence sur la proportion générale des anomalies. A défaut de chiffres, il serait inconsidéré de préjuger la question ; on peut tout au plus remarquer en passant que les monstruosités doubles doivent être interprétées comme la coalescence de deux jumeaux, que les acéphales sont toujours accompagnés d'un enfant bien conformé, et qu'enfin il existe dans la science la mention de jumeau en regard d'anomalies plus ou moins sérieuses. Par exemple, Carver (*Gaz. hebd. de méd. et de chir.*, 1860, p. 637) a observé chez deux filles jumelles un rétrécissement congénial de l'intestin. Martinez y Molina (*Gaz. hebd. de méd. et chir.*, 1855, p. 759) a vu également deux jumelles, issues d'une mère bien conformée, avoir six doigts à chaque main; seulement l'une d'elles avait en plus six orteils à chaque pied; enfin Loescher a délivré une femme tout à la fois d'un monstre double et d'un enfant bien conformé.

Une disproportion d'âge très-marquée entre les deux conjoints, une primiparité tardive comme je l'ai constaté deux fois, paraissent également augmenter la fréquence des anomalies. Mais on se borne à énoncer cette proposition; car on ne possède pas de documents assez nombreux pour la démontrer sans réplique. Il en est de même pour l'hérédité et pour les mariages consanguins ; seulement on y insistera, à raison des matériaux recueillis. En l'absence de statistiques étendues, on bornera sa tâche à résumer l'enseignement qui en ressort.

Si la transmission des qualités et des défauts par la voie de la génération est devenue une vérité en quelque sorte banale, il est juste de reconnaître que ce résultat est dû en grande partie au beau travail du docteur Lucas sur l'*hérédité*. Sans doute, les faits sur lesquels il s'appuie étaient connus, pour la plupart, des médecins instruits ; mais, par leur éparpillement dans des recueils divers, ils restaient ignorés de beaucoup. En les réunissant, en les coordonnant avec méthode et clarté, M. Lucas a rendu un véritable service à la science et facilité la tâche de tous ceux qui ont à traiter un semblable sujet. En conséquence, renvoyant à cet ouvrage pour les considérations générales dont la matière est susceptible, on s'en tiendra simplement aux faits tératologiques, et encore, parmi ceux-ci, on évoquera les plus récents.

A parler franchement, toutes les anomalies compatibles avec l'exercice des fonctions génératrices sont susceptibles de se transmettre par la voie de l'hérédité ; seulement, il en est qui, plus que d'autres, ont ce triste privilége : tels sont, par exemple, certains vices de configuration du crâne, le strabisme, la myopie, les défectuosités des oreilles, du nez, des lèvres, de la voûte palatine, les hernies, l'hypospadias, les difformités des doigts et des orteils. Quant aux autres, elles sont soumises aux mêmes lois; mais, comme elles sont d'observation moins commune, il se peut que les exemples de transmission aient échappé aux investigations des médecins, soit manque d'attention, soit qu'une génération ait été sautée, et que, par suite de la mort prématurée des ascendants, les renseignements fassent défaut à leur endroit. Cette immunité d'une ou de plusieurs générations alternées, circonstance encore assez fréquente dans l'histoire de l'hérédité, a pour conséquence d'obscurcir la filiation de certains faits et d'en faire méconnaître la véritable succession. Telle anomalie sans relation apparente avec les ascendants immédiats, sans causalité appréciable au premier abord, est parfois justiciable d'un ancêtre ayant eu un semblable défaut, oublié ou ignoré par ses descendants.

L'hérédité en ligne directe, en même temps qu'elle est plus facile à établir, se présente plus fréquemment à l'observateur ; on en compte un nombre considérable d'exemples, dont je citerai quelques-uns. Dobell (*The Lancet*, 1861, n° 6) a vu la transmission de la fissure des joues ; Sproull (*British med. journal*, 18 avril 1863), celle du bec de lièvre. Murray a observé cette dernière anomalie sur sept enfants issus du même père et de la même mère ; l'aîné seul ne la présentait point, mais il avait une difformité de la lèvre inférieure consistant en deux petits enfoncements qui se rencontraient chez le père, le troisième et le huitième enfant (*British and foreign med. chir. Review*, 1860, n° d'octobre. Richet (*Gazette des hôpitaux*, 1861, n° 44) a fait une observation identique sur quatre enfants ; et Rose (*Mon. f. Geburtsk*, t. 32, p. 107) sur deux filles dont le père présentait un état analogue.

La polymastie, dont l'infortunée Anne de Boulen était atteinte, se transmet également par cette voie. Petrequin cite un homme qui avait trois mamelles, et dont les deux filles offraient cette difformité. Gegenbaur (*Jenaisch. z. f. med. u. Naturwisch.*, 1864) a vu une femme manquer de la partie acromiale de la clavicule ; mariée deux fois, elle avait des enfants de chaque lit qui tous offraient cette particularité; seulement elle ne s'était pas reproduite chez les petits enfants.

Longtemps mise en doute, la fécondité des hommes atteints d'hypospadias est actuellement bien démontrée : à titre de preuve, je citerai l'examen d'un enfant présentant ce vice de conformation à l'égal de son père. Le docteur Traxel (*Prager Vierteljarhrschrift*, t. LII, p. 103) a rapporté, en 1855, un fait encore plus démonstratif et beaucoup plus curieux, en ce que le père avait été jusqu'alors considéré comme fille à raison d'un hypospadias vulviforme, et que l'enfant, issu de ses relations avec une femme de 27 ans, avait les organes sexuels conformés d'une façon presque identique.

Les difformités des doigts et des orteils sont surtout les anomalies sur lesquelles on a le plus de documents et d'observations suivies à travers plusieurs générations. Ainsi, Mitchell (*Med. Times and Gazette*, July, 25, 1863), Johnson (*Trans. of the path. society*, t. 9, p. 427), Dixon (*Gaz. méd.*, 1861, nº 7), ont observé la polydactylie, dans trois générations. Farge (*Gaz. hebd.*, 1866, p. 61) a vu la polydactylie, avec ectrodactylie concomitante, se répéter chez trois générations. Percy (*Dict. des sc. méd.*, t. 44, p. 142) cite une famille espagnole composée de 40 individus, qui tous présentaient la polydactylie aux pieds et aux mains. Enfin, Morand parle même d'une peuplade, habitant une montagne de l'Inde, pour laquelle cette anomalie serait devenue un caractère permanent de race; ce qui me paraît douteux au point de vue physiologique.

La *palmidactylie* ou réunion des doigts par une membrane se transmet fréquemment aussi par la voie de l'hérédité. Entre autres exemples, je citerai celui de Carolis concernant un enfant présentant des adhérences cutanées entre les doigts et les orteils, et un petit doigt surnuméraire à la main gauche. La grand'mère, la mère, les sœurs de celle-ci ainsi que leurs enfants offraient des difformités plus ou moins analogues (*Gaz.*

med. Ital. stati. sardi, 1860, n° 47). De mon côté, j'ai rencontré un cas analogue; seulement, à l'encontre du précédent, l'anomalie, provenant du grand-père, s'était transmise à la ligne mâle, c'est-à-dire au fils et aux petits-enfants; les sœurs et leurs enfants n'en avaient aucun indice. Sedgwick (*Med. Times and Gazette*, 1855, n° 286) a vu des doigts et des orteils palmés qui s'étaient reproduits dans quatre générations et qui disparurent à la cinquième. Dans une autre famille, l'absence de l'ongle au petit orteil et au petit doigt se serait reproduite pendant cinq générations ; enfin Draper Mackinder (*British. med. journal*, 1855, n° 41) a vu à Gainsborough l'absence des doigts se continuer à travers six générations (C).

On pourrait étendre encore cette énumération, mais cela ne servirait qu'à faire étalage d'une érudition superflue; car, avant comme après, on aurait toujours à se demander quelle est la part de l'hérédité, quelle est celle des autres agents. La question est, dans tous les cas, trop peu avancée pour que l'on ait la prétention de la résoudre soit dans un sens soit dans un autre; tout ce que l'on peut dire, c'est que, sur 80 anomalies, dont les ascendants sont bien connus, deux seulement incriminent la transmission héréditaire. En conséquence de cette statistique, on est en droit d'affirmer l'action restreinte de cet agent sur la production des anomalies en général, et on est d'autant plus disposé à reconnaître le fait pour exact, que l'hérédité a une action contingente et nullement fatale; en d'autres termes, les anomalies dont sont porteurs l'un ou l'autre des ascendants ou même tous les deux, sont susceptibles tantôt de se transmettre, tantôt de ne point être transmises. En somme, il n'y a, au point de vue tératologique du moins, rien de constant, rien de fixe à cet égard, et il serait tout aussi facile de rapporter des documents contradictoires qu'il l'a été d'en rassembler de confirmatifs. Ainsi, pour s'en tenir à ce qui m'est particulier, j'ai vu tout récemment, à Caissargues, le premier-né d'un père avec une affreuse difformité du voile du palais et du plancher avoir une conformation normale; et j'ai soigné, à Nimes, la fille d'un sourd-muet qui n'a rien de la difformité paternelle et dont les enfants entendent et parlent bien.

On ne saurait l'oublier, les anomalies sont toujours des écarts de la nature, des faits fortuits et isolés de transgression aux lois qui président à la formation de l'individu. Pour les envisager sous le jour qui leur convient, il faut, comme l'a dit excellemment M. Périer (*Bulletin de la société d'anthropologie*, 1861, p. 19), se rappeler que toute perversion ou aberration des types des êtres tend invinciblement à s'effacer par le retour à l'état normal, et que cette tendance naturelle, contre laquelle ont vainement lutté les éleveurs dans leurs essais variés de croisements, est la sauvegarde de la pureté des espèces et de l'ordre dans le règne animal.

Malgré les assertions contradictoires régnant à ce sujet et les longs débats auxquels ils ont donné lieu, les *mariages consanguins* doivent être réprouvés par la science sans la moindre hésitation. On a beau soutenir que la consanguinité saine est sans inconvénients, que celle entachée de vices héréditaires est seule mauvaise; on a beau entasser observations sur observations pour démontrer l'innocuité de ces alliances, citer des familles de 416 membres, des bourgs constitués par quatre ou cinq familles mariées entre elles, on n'arrivera point à l'exonérer complètement des griefs dont on l'a justement accusée. Passant de l'homme aux animaux, des médecins ont invoqué la pratique des émules de Backewel sans se douter que c'était là un argument contraire à leur thèse, et confondant, sans le vouloir ou sans le savoir, deux choses bien distinctes, la sélection naturelle de Darwin avec la sélection artificielle des éleveurs. Ils ont oublié également que l'aptitude à l'engraissement, recherchée par ces derniers, était un signe de faiblesse et non de vigueur constitutionnelle ; que les produits issus de cette façon (*in and in*, des Anglais) étaient plus délicats, plus exposés aux maladies ; que les mâles étaient peu prolifiques et que les femelles étaient médiocrement fécondes, ou même stériles.

Pour nous, qui avons étudié la question non-seulement dans les livres mais encore à la lueur de nombreuses observations, nous ne pouvons nous joindre aux partisans de l'innocuité. Sans s'arrêter aux divers inconvénients dont on a accusé ces unions, sans même énumérer les méfaits qu'on leur a reprochés, nous nous bornons à exprimer cette conséquence, c'est qu'elles augmentent singulièrement la fréquence des anomalies. Ainsi, sur 121 unions consanguines, Devay a trouvé 31 anomalies qui se distribuent de la façon suivante :

17 fois la polydactylie { 13 fois aux deux mains,
4 fois à une main.

2 fois ectrodactylie (absence du petit doigt).
2 fois bec de lièvre.
1 fois spina bifida.
5 pieds-bots varus equin.
1 anencéphale.

1 surdi-mutité.

2 icthyoses.

Avec justesse, on a reproché à cette statistique de ne point tenir compte du nombre des enfants issus de ces 121 unions, mais ce défaut n'était point suffisant pour lui enlever toute valeur. On pouvait à la rigueur suppléer à cette lacune en admettant pour chacune d'elles l'exactitude de la moyenne qui attribue à chaque mariage la production de quatre enfants. En procédant de cette façon, on aurait environ 484 enfants, soit une anomalie pour 15 enfants, c'est-à-dire une proportion si basse que, à moins d'être prévenu, elle suffit pour démontrer la nocuité des alliances consanguines.

La statistique de Devay n'est pas le seul argument que l'on puisse invoquer. Ainsi, pour s'en tenir aux exemples récents, le docteur Thelmier (*Bulletin de la Société de médecine pratique de Paris, 1870*, p. 23), a accouché une femme de vingt-deux ans, mariée à son cousin-germain, d'un enfant anencéphale; et moi-même, en 1869, j'ai observé un hypospadias vulviforme ou hermaphrodisme masculin chez un enfant de huit ans dont les parents étaient issus de frère et sœur. Quelques années avant, j'ai eu occasion de donner des soins à un jeune homme qui avait six orteils à chaque pied. En l'interrogeant sur sa famille, j'appris qu'il provenait d'une alliance consanguine, et que le père était l'oncle de la mère.

En résumé, les unions consanguines ont des inconvénients sérieux : ou la postérité est nulle, ou elle est malingre, délicate, exposée soit à des maladies constitutionnelles, soit à des difformités congéniales. Sans doute, elles n'amènent pas toujours et fatalement ces conséquences; mais, comme elles y exposent plus que les mariages contractés dans les conditions ordinaires, on devrait chercher à y remédier. Loin de moi la pensée d'y mettre absolument interdiction ; mais ne pourrait-on pas les rendre moins communes en les frappant d'un impôt envers l'Etat. Assurément, cet impôt produirait peu en numéraire; mais, par l'obstacle qu'il apporterait à beaucoup de ces unions, il serait fécond et donnerait de bons résultats en accroissant le chiffre de la population valide (D).

A côté des mariages consanguins, se placent tout naturellement quelques faits dont l'explication échappe, mais dont la répétition est trop fréquente pour ne pas se relier à une disposition intime, à une cause particulière; on veut parler du *retour de la même anomalie* ou monstruosité chez des enfants issus des mêmes parents. Mieux qu'une longue dissertation, quelques exemples établiront ce curieux phénomène, jusqu'à présent non dénommé scientifiquement.

Lammert (*Virchow's Archiv.*, t. 21, p. 230) a signalé une femme qui, à deux ans d'intervalle, avait mis au monde, au terme de six à sept mois, un fœtus avec fente du crâne et de la colonne vertébrale. Bruneel a communiqué à la Société médico-chirurgicale de Bruges (*Annales*, mars 1854), l'histoire d'une femme qui, en seize ans de mariage, avait enfanté quatorze fois. Sur ce nombre, le quatrième, le douzième et le quatorzième enfant étaient sans cerveau. A. Mencer Adam, dans ses intéressantes recherches, cite également une mère dont les six enfants étaient nés anencéphales, et une autre qui avait eu cinq enfants tous atteints du bec de lièvre. Nunneley (*Medical Times and Gazette*, déc. 1861), a constaté la même anomalie des yeux chez trois enfants d'une famille. Bernhardi

(*Med. Zeit. Preussen*, 1856, n° 34) a observé une femme qui, en 1851, a accouché d'un garçon, et, en 1854, d'une fille, lesquels avaient douze doigts et douze orteils. Devenue enceinte, en 1855, la même difformité se reproduisit sur son troisième enfant. Les doigts surnuméraires avaient tout à fait la direction des autres; seulement, comme ils n'avaient pas de métacarpien propre, ils s'articulaient avec le métacarpien du petit doigt. Aux pieds, au contraire, l'anomalie était plus complète, et les orteils surnuméraires étaient munis d'un métatarsien surajouté. Samuel Woods (*Dublin Quarterly-Journal*, août 1868, p. 52) a examiné deux enfants issus du même père et de la même mère, dont l'aîné avait été considéré et baptisé sous un nom de fille et l'autre comme un garçon, bien que tous les deux fussent des hypospades à scrotum bifide. Le docteur Nelson (*Americ. Journ. of med. science*, juillet 1862, p. 301) a vu, dans une famille composée de cinq sœurs, trois d'entr'elles manquer complètement d'utérus. Enfin, moi-même, j'ai, comme médecin du bureau de bienfaisance, soigné, en 1863, une famille Allègre qui demeurait, à l'époque, rue Bachalas, 42, dont le deuxième et le cinquième enfant étaient de véritables albinos. Le plus jeune, c'est-à-dire le garçon, succomba, à l'âge de 18 mois, à la petite vérole qui régnait épidémiquement; quant à l'aîné, il appartenait au sexe féminin et doit avoir actuellement de 17 à 18 ans. — Ce ne sont pas là les seuls exemples que l'on en connaisse; mais ceux là, pris au hasard, suffisent amplement à remplir le but que l'on se proposait, c'est-à-dire à établir que certains ménages ont en eux une prédisposition naturelle à produire des êtres vicieusement conformés.

Comme je l'ai indiqué plus haut (p. 27), les *unions illégitimes* donnent, plus souvent que dans le mariage, naissance à des enfants appartenant à cette catégorie. Je me borne à ce simple rappel, afin de ne pas me répéter.

La *gestation* des êtres monstrueux n'est pas habituellement signalée par des circonstances insolites, et, sauf quelques exceptions dont l'énumération m'entraînerait trop loin, la grossesse arrive à son terme normal. A en croire Hohl (*Die Geburten missgestalteter, kranker und todter Kinder. Halle, 1850*), qui a consacré à cette étude un ouvrage étendu, il n'en serait pas toujours ainsi : dans un quart des cas, on relèverait des particularités sinon caractéristiques, du moins dignes d'intérêt. Pour ma part, après avoir analysé presque tous les faits postérieurs à la publication de cet ouvrage, j'ai rencontré une proportion moindre, 1/6 seulement, et encore ai-je été large dans l'appréciation des accidents, et aurais-je pu, à la rigueur, faire rentrer dans la normalité quelques-uns des cas taxés d'exceptionnels. Quoi qu'il en soit de cette proportion, la particularité la plus fréquemment signalée est le développement exagéré du ventre, développement qui tient en général à la distension de la matrice produite par la sécrétion anormale du liquide amniotique. Ce phénomène pouvant coïncider également avec des enfants bien conformés, faibles ou malades, on ne saurait rien conclure de son existence.

L'œdème des membres inférieurs, qui se présente assez souvent, est un signe qui n'a pas une valeur plus grande ; il peut tenir à une foule de causes, et partant ne saurait autoriser une conclusion formelle. L'absence des mouvements intra-utérins, consignée dans quelques cas, n'a pas une importance plus considérable; ce symptôme négatif permet seulement de conclure à une vitalité obscure ou à la mort de l'enfant; pourtant, les monstres, privés de membres, comme les *amèles*, les *micromèles*, ne font pas de mouvements dans le sein maternel. Enfin, chez les fœtus anencéphaliens, on a constaté fréquemment des mouvements très-violents, circonstance curieuse et prouvant sans réplique que les mouvements intra-utérins ne dépendent pas du cerveau, mais sont subordonnés à l'action du système excito-moteur.

Le *sexe* des êtres monstrueux est plus souvent féminin que masculin : sur un total de 453 cas relevés soit dans les collections de journaux publiés dans les vingt dernières années, soit dans ma pratique particulière, on a 258 sujets du sexe féminin et 195 sujets appartenant au sexe masculin.

Abstraction faite des anomalies spéciales aux organes de la génération et qui ne sont pas comprises dans ce relevé, la distribution du sexe varie suivant les espèces. Ainsi pour certaines, telles que l'imperforation du rectum, la polydactylie, le spina-bifida, l'anencéphalie, etc., l'équilibre est à peu près égal; pour quelques-unes, par exemple, l'exstrophie de la vessie, les monstruosités parasitaires, etc., la prééminence est même légèrement accusée en faveur du sexe masculin; mais, à l'égard des autres, la prédominance appartient incontestablement au sexe féminin. Parmi les exemples que l'on pourrait en citer, il n'en est pas de plus frappant que celui relatif aux monstruosités doubles : sur 295 cas relevés dans le tableau suivant, il y a 203 sujets féminins pour 92 sujets masculins.

Monstres doubles distribués au point de vue du sexe.

AUTEURS.	Sexe féminin	Sexe mascul.	Total des cas
Haller, *Opusc. anat.*, 1751, p. 176.	30	9	39
Meckel, *Descr. duplic. monstr.*, page 14	62	20	82
Otto, *Monstr. sexcent. descriptio*, page XVI	88	54	142
Puech (*Documents colligés*)	23	9	32
Totaux	203	92	295

On s'abstiendra d'exposer ici les raisons de cette prééminence ; on se bornera à dire qu'elle tient à des causes inhérentes à l'organisation féminine et impliquant son infériorité relative.

Les *anomalies par défaut* sont beaucoup plus fréquentes que celles par excès; et parmi ces dernières la partie supérieure du corps en est le siége habituel, à l'exception des extrémités surnuméraires, qui s'observent généralement à la moitié inférieure du corps. Il est à remarquer expressément que les orteils surnuméraires sont beaucoup moins communs que les doigts surnuméraires.

Les anomalies peuvent être indifféremment tantôt symétriques, tantôt asymétriques. Quand elles siégent d'un seul côté, elles affectent plus fréquemment le côté gauche que le côté droit; mais cependant la différence n'est point aussi marquée que l'ont écrit certains auteurs, et notamment A. Mencer Adam, qui, sur un grand nombre de difformités unilatérales, en a relevé à droite un cas seulement. On se proposait d'établir cette prééminence du côté droit par un tableau statistique ; mais la crainte de fatiguer le lecteur y a fait renoncer. On se borne, en conséquence, à l'énumération de quelques exemples pris au hasard. L'ectopie inguinale de l'ovaire a été rencontrée 14 fois à gauche et 7 fois à droite; l'absence du même organe a été constatée 13 fois à gauche et 4 fois à droite. Il en est de même pour l'utérus : quand une des cornes vient à manquer ou est rudimentaire, c'est presque toujours du côté gauche. Les anomalies des reins, des lèvres, des extrémités supérieures et inférieures présentent également la même particularité avec des écarts plus ou moins grands. Il n'est pas jusqu'aux hernies diaphragmatiques qui ne fournissent l'occasion de vérifier l'exactitude de cette proposition.

En résumé, les causes primordiales des anomalies sont complètement inconnues : on a des indices, des présomptions, mais pas la moindre certitude. On sait, il est vrai, les phénomènes qui précèdent, et suivent la fécondation; on a surpris l'embryon dans ses premiers linéaments, on l'a étudié dans ses étapes successives, mais on n'a pu aller au delà. En d'autres termes, les mystères de la formation des êtres sont encore voilés : à raison de cette ignorance, on est inapte à apprécier l'agent qui, à un moment donné, entrave l'évolution moléculaire et amène telle ou telle déviation.

§ IV.

Des anomalies en particulier et de leur fréquence relative.

Après avoir discuté les méthodes usitées pour tirer le rapport des êtres monstrueux ou anormaux avec les êtres bien conformés, établi la fréquence des anomalies en général et par état politique, énuméré les phénomènes accusés d'en favoriser la production, on est amené par la force des choses à rechercher le degré de fréquence proportionnelle de chaque espèce en particulier. Après les notions générales qui ont dû constituer le début obligé de cette étude, on est conduit fatalement à pénétrer plus avant afin d'utiliser les nombreux matériaux rassemblés, et donner à ce travail sa conclusion naturelle.

A parler franchement, les notions précédentes sont des notions abstraites, ayant seulement un intérêt scientifique au point de vue général, tandis que celles qu'il reste à déduire sont d'une application journalière, en quelque sorte immédiate. Quel sens faut-il attacher au mot «anomalie», au mot «monstruosité» ? Quelle est la fréquence relative de chaque espèce ? telles sont les questions qui vont être agitées. Par là, notre cadre sera rempli et notre but atteint, si les auteurs qui se tiennent au courant de la science en font leur profit, en substituant des données positives aux allégations banales et parfois contradictoires qui ont régné jusqu'à présent. Au lieu de dire telle anomalie est rare, telle anomalie est fréquente, on précisera par des chiffres la valeur de ces épithètes et cela n'en vaudra que mieux. Est-ce conséquence de l'éducation ; est-ce tendance de l'époque, l'esprit a horreur du vague ; quelque sèche que soit une formule mathématique, il la préfère aux phrases sonores sous lesquelles on dissimule communément, avec l'indigence de la pensée, le manque de notions exactes et rigoureuses.

Pour asseoir solidement cette nouvelle et dernière enquête et simplifier les calculs mathématiques qu'elle nécessite, nous avons utilisé seulement cent mille naissances, et élagué en conséquence soit pour un motif, soit pour un autre, plus de la moitié des matériaux employés pour établir la moyenne générale. En vue d'assurer le contrôle et de faciliter l'explication de certaines particularités, les documents mis à contribution ont été relevés dans un tableau spécial dressé d'après l'ordre alphabétique et ne différant des premier et second tableaux que par l absence des deux dernières colonnes. Eviter des répétitions et surtout donner le détail des anomalies, des monstruosités constatées par chaque auteur, tels ont été les motifs de cet arrangement. Sauf erreur, il résulte une grande clarté de cette manière d'agir : ainsi en jetant les yeux sur la dernière ligne, on voit avec le chiffre des naissances étudiées, le nombre des anomalies constatées.

IVᵉ. TABLEAU.

De la répartition des anomalies et monstruosités d'après l'étude de 100,000 naissances.

Nos d'ordre.	OBSERVATEURS.	VILLES.	NOMBRE d'enfants.	ANOMALIES.	MONSTRES unitaires.	M. DOUBLES.	TOTAL.
I	Abegg..........	Dantzig.......	386	4	2	»	6
II	Adelmann.......	Fulda........	164	»	1	»	1
III	Behm..........	Stettin.......	689	11	»	»	11
IV	Birnbaum.......	Cologne.......	1,682	11	3	»	14
V	Bossi..........	Græetz........	3,496	5	3	»	8
VI	Braun..........	Trente........	418	2	»	»	2
VII	Breslau.........	Zurich........	75	»	»	»	»
VIII	Busch..........	Berlin........	6,101	8	3	»	11
IX	Collins.........	Dublin........	508	1	1	»	2
X	Credé..........	Leipzig.......	1,817	28	1	1	30
XI	Delore..........	Lyon........	4,544	7	4	»	11
XII	Dunal..........	Montpellier....	200	»	1	»	1
XIII	Faye..........	Christiania....	154	1	»	»	1
XIV	Godefroy........	Rennes.......	13,028	55	13	»	68
XV	Grenser........	Dresde.......	10,525	60	4	»	64
XVI	Haggeney.......	Greifswald....	611	2	»	»	2
XVII	Hecker.........	Munich.......	2,944	21	4	»	25
XVIII	Hofman.........	Munich.......	92	2	»	»	2
XIX	Hohl..........	Halle.........	1,394	6	1	»	7
XX	Hugenberger....	St-Pétersbourg.	8,210	54	6	»	60
XXI	Inconnu........	Vienne.......	23,099	70	4	1	75
XXII	Koch..........	Iéna.........	321	1	»	»	1
XXIII	Legrand........	Paris.........	2,632	4	1	»	5
XXIV	Liégeard........	Caen.........	304	6	»	»	6
XXV	Madurowicz.....	Vienne.......	4,118	16	2	»	18
XXVI	Ed. Martin......	Iéna, Berlin..	4,960	35	5	»	40
XXVII	Mattei.........	Paris.........	200	»	»	»	»
XXVIII	Nagel.........	Berlin........	1,673	14	1	»	15
XXIX	Puech.........	Toulon, Nimes.	778	7	»	»	7
XXX	Retzius.........	Stockholm....	510	3	1	»	4
XXXI	Siebold.........	Gœttingue....	845	4	»	»	4
XXXII	Spaeth.........	Vienne.......	281	3	»	»	3
XXXIII	Streng..........	Prague.......	2,968	12	»	»	12
XXXIV	Wutscher.......	Laybach......	273	1	»	»	1
	Total général..	....	100,000	454	61	2	517

Afin d'éviter toute obscurité et de simplifier le plus possible l'examen de ce dernier chapitre, on n'a suivi rigoureusement aucune des classifications en vogue; on s'est borné à diviser les anomalies en :

A partielles,

B monstruosités unitaires,

C monstruosités doubles,

et à distribuer sous ces trois chefs les documents rassemblés. Ainsi envisagées, les 517 anomalies sur lesquelles on possède des renseignements précis se répartissent de la façon suivante : 454 appartiennent au premier groupe; 61 au second et 2 au troisième; par conséquent, les fractions $\frac{1}{220}$, $\frac{1}{1639}$, $\frac{1}{50000}$ représentent numériquement la fréquence relative de chacun d'eux.

A. Anomalies partielles.

On désigne sous ce nom tous les changements de volume, de forme, de structure, de couleur, de position et de nombre dont sont susceptibles les diverses parties du corps humain. L'absence d'un organe en est le degré le plus élevé, les altérations de couleur, comme les envies de naissance, en sont le degré le plus inférieur.

Les anomalies se rencontrent sur tous les points du corps; nulle région comme nul organe n'en sont exempts; seulement il en est qui ont plus que d'autres le triste privilége d'en être affectés. La chose est sans importance quand il s'agit d'un muscle, d'un nerf, ou même d'une petite artère; mais il n'en est pas de même quand il s'agit d'un organe ou simplement d'une atrophie de celui-ci. Les premières intéressent l'anatomiste et sont à vrai dire, des *variétés*, les secondes sont au contraire du domaine du médecin : en conséquence, on ne s'occupera que de celles-ci.

Les anomalies proprement dites, distribuées d'après le siége, donnent les chiffres suivants :

63 exemples pour le crâne,
33 id. pour la colonne vertébrale,
64 id. pour la face,
20 id. pour le gosier,
6 id. pour la poitrine,
56 id. pour l'abdomen,
51 id. pour les organes génito-urinaires,
79 id. pour les membres supérieurs,
63 id. pour les membres inférieurs,
19 id. pour tout le corps ou à siége non spécifié.

Groupées au point de vue de la fonction et par ordre de fréquence, on trouve les résultats suivants :

137 exemples pour le système digestif avec ses dépendances ;
95 — pour le système cérébro-spinal ;
79 — pour le système de la préhension ;
63 — pour le système de la locomotion ;
51 — pour le système génito-urinaire ;
12 — pour le système de la circulation sanguine ;
8 — pour le système osseux ;
6 — pour l'appareil de la vision ;
3 — pour l'appareil de l'audition.

Distribuées au point de vue de la production, on trouve :

220 exemples d'arrêt de développement ;
45 — d'excès de développement ;

180 — de maladies intra-utérines;
9 — de brides amniotiques.

Après cet exposé général, rigoureusement indispensable dans une étude de ce genre, mais qui n'est pas absolument exact, puisqu'il y a des anomalies par excès compliquées d'anomalies par défaut, des anomalies par défaut compliquées de maladies intra-utérines; l'énumération des espèces va être abordée. L'ordre adopté sera l'ordre anatomique en allant de la tête aux pieds et en signalant pour chaque espèce les complications.

Pour rendre moins aride cette étude, on signalera chemin faisant avec quelques détails, avec les cas qui nous sont propres, ceux qui se recommandent soit par leur rareté, soit par quelques particularités intéressantes. Par cette manière d'agir, on arrivera à diminuer l'ennui inhérent à une semblable tâche, tout en conservant une suffisante concision.

L'*hydrocéphalie* ou accumulation de sérosité soit dans les enveloppes du cerveau, soit dans ses ventricules, est une des espèces les plus communes; elle est en même temps la plus anciennement connue, puisque le docteur Pruner-Bey l'a constatée sur un crâne d'enfant appartenant à l'âge du renne. Elle a été observée seule quarante-six fois, compliquée quatorze fois; elle existait huit fois avec le spina-bifida; dans la moitié des cas, il y avait encore d'autres anomalies. Dans un cas, à un double spina-bifida venait se joindre le défaut d'ossification des os du crâne; dans un second, le spina-bifida siégeant en avant se compliquait de hernie diaphragmatique; dans un troisième, il y avait conjointement une imperforation de l'anus; enfin, dans le dernier, les pieds étaient bots.

Les autres anomalies qui ont été rencontrées avec l'hydrocéphalie sont la double lagophthalmie, la gueule de loup, l'arrêt de développement des membres, la réunion des membres inférieurs avec absence de l'anus et des parties génitales, le bec de lièvre double conjointement avec une hernie ombilicale, et enfin l'imperforation de l'anus. Dans ce dernier cas, recueilli sur un garçon faible de vie, venu au monde à la suite d'un accouchement prématuré, l'hydrocéphalie faisait en même temps saillie au dehors. L'autopsie démontra que l'appendice extérieur, du volume d'un œuf d'oie, était revêtu par un prolongement de la dure-mère et était distendu par de la sérosité translucide.

A la colonne vertébrale, le *spina-bifida* ou défaut de réunion des lames vertébrales a été observé trente-cinq fois, en faisant abstraction des huit cas cités précédemment. Sur ces quarante-trois observations, il y a un seul exemple de spina bifida antérieur; deux fois seulement la lésion siégeait à la région du cou, et encore, dans l'un des deux, il y avait conjointement la même lésion aux lombes. Dans un cas recueilli par Grenser (*M. f. Geburtsk.*, t. 26, p. 324), la lésion s'étendait de la quatrième à la huitième vertèbre dorsale; en outre, chez cet enfant, l'angle antérieur de la grande fontanelle arrivait jusqu'à la racine du nez; dans un autre, signalé par Hecker (*Loc. cit.*, t. 20, p. 320), la tumeur, du volume d'une pomme, occupait la région sacrée; elle se rompit spontanément deux heures après l'accouchement. L'enfant — un garçon — expulsé au huitième mois de la grossesse, mourut au seizième jour, de gangrène et d'atrophie. Les muscles psoas, iliaques internes, abducteurs de la cuisse avaient subi la transformation fibreuse. — Quant à moi, j'ai observé six cas de ce genre; et, malgré les procédés opératoires les plus divers, j'ai eu la mauvaise chance de les voir tous se terminer fatalement. Un moment, cependant, j'ai cru avoir à enregistrer un succès ; mais une diarrhée tenace emporta l'enfant un mois après l'opération. Des deux enfants compris dans le ve tableau, le premier était issu d'une primipare âgée de vingt-huit ans, tellement usée qu'elle paraissait avoir atteint la quarantaine : la tumeur s'était rompue pendant le travail de la parturition, et s'étendait depuis la dixième vertèbre dorsale jusqu'à la première vertèbre sacrée ; aucun traitement ne put être essayé et la mort survint au bout de dix-huit heures. Le sujet de la seconde observation concerne une fille issue d'une quatrième grossesse; la tumeur siégeait à la région lombaire (3, 4, 5 lombaires, 1re sacrée) ; elle n'avait que le volume d'une noix et cependant elle amena la mort au bout de trois jours.

Le spina-bifida, complication fréquente de l'hydrocéphalie, peut à son tour se rencontrer avec d'autres lésions ; pour s'en tenir aux documents étudiés, elle existait trois fois conjointement avec les pieds-bots. Cette circonstance s'explique tout naturellement, si l'on réfléchit à la pathogénie de cette dernière difformité.

Abstraction faite de la surdité congéniale, à l'endroit de laquelle on ne posséde aucun renseignement, bien que les statistiques officielles en relèvent environ un cas par deux mille habitants, l'appareil de l'audition a été intéressé trois fois seulement. Sur un enfant observé à la clinique de Vienne, il y avait adhérence de la conque auditive à droite et à gauche ; et sur un autre, né à Iéna, il y avait un appendice pédiculé au tragus de l'oreille droite. Sur une fille à terme, issue d'une femme de trente-sept ans à sa troisième grossesse, Hecker (t. XXIV, p. 151) a constaté du côté droit une conque très-défectueuse et aucune trace du conduit auditif externe. En 1865, au nº 17 de la rue des Bons-Enfants, j'ai rencontré sur un garçon de huit mois une anomalie analogue; détaché presque complètement et adhérant simplement par sa partie inférieure, le pavillon de l'oreille droite était réduit à un petit repli très-peu développé. Au premier abord, on aurait pu croire à l'absence de tout l'organe; mais, en le déplaçant, on finissait par apercevoir un petit trou arrondi aboutissant à l'oreille moyenne. Outre cette difformité, l'enfant portait au nombril un petit tubercule rougeâtre, véritable diverticule de l'intestin grêle, qui suintait un mucus épais, tachant la chemise.

A s'en rapporter à la statistique officielle relative au recensement de la population en 1866, la France comptait à cette époque 4,726 aveugles de naissance, c'est-à-dire un peu plus de dix aveugles par cent mille habitants. Cette proportion ne s'éloigne pas sensiblement de celle ressortant des cent mille naissances étudiées, puisque sur ce chiffre on a relevé six lésions congéniales de l'appareil de la vision. Malgré cette rareté relative, j'en ai rencontré dans la pratique de nombreux exemples. Ainsi, outre deux cas de mydriase complète ou absence de pigmentum iridien, j'ai donné des soins à un jeune homme atteint de cataracte congéniale de l'œil droit, et à une fille qui avait une division de l'iris s'étendant jusqu'au ligament ciliaire. Par le fait de l'éloignement des bords de la division et de l'absence d'une portion de l'iris, la vue était très-faible. Mariée depuis, cette femme a eu plusieurs enfants qui n'ont point hérité de la lésion maternelle.

Le *bec de lièvre*, ou défaut de réunion des trois bourgeons qui constituent la lèvre chez l'embryon, est l'anomalie la plus fréquente de la face ; pour ainsi parler, c'est une difformité qui court les rues, car il se trouve encore aujourd'hui des parents assez négligents pour ne pas recourir à l'opération. Dans les cinquante-quatre cas relevés, la lésion siégeait à la lèvre supérieure et la division était tantôt unilatérale, c'est-à-dire du côté gauche, tantôt bilatérale. Vu sa fréquence, il est superflu de s'y arrêter; on se bornera à dire qu'elle est tantôt simple, tantôt compliquée. Ainsi, quinze fois elle coexistait avec la gueule de loup ou division du palais osseux et mou, et neuf fois avec la fissure des joues. Pour en finir avec la cavité buccale, il convient de signaler la gueule de loup sans bec de lièvre, la division du voile du palais, etc.; bref, tout compris, on en compte 78 exemples.

A la poitrine, on a relevé seulement six anomalies, dont deux concernent l'organe central de la circulation sanguine. Sur un enfant mort douze heures après la naissance après avoir offert des symptômes de cyanose, on trouva une communication entre les deux ventricules et une transposition des deux gros vaisseaux ; en d'autres termes, l'artère pulmonaire naissait du ventricule gauche et l'aorte du ventricule droit (*E. Martin, loc. cit., t. 6, p.* 455). Une fille pesant neuf livres, paraissait bien portante lorsqu'elle mourut subitement au quatrième jour. Le péricarde est couvert d'ecchymoses; le cœur paraît large et flasque; le trou ovale n'est point fermé, et de l'unique ventricule émerge l'aorte qui donne naissance aux deux artères pulmonaires.

L'oblitération de l'œsophage a été observée une fois. Immédiatement au-dessus du diaphragme, ce conduit se termine en forme de sac, et ses parois distendues sont le siége d'une infiltration hémorrhagique. Péricarde couvert d'ecchymoses, catarrhe de la muqueuse de l'estomac et de l'intestin ; péritonite ; anémie et induration du foie ; engorgement de la rate ; telles sont, en quelques traits, les lésions concomitantes de cette rare anomalie.

Trois observations se rapportent à une perforation du diaphragme ou *hernie diaphragmatique*. Dans la première, due à Grenser (*M. f. Geburtsk*, t. 19, p. 223), auquel appartiennent les deux faits précédents, la perforation siége à gauche, en arrière de l'estomac ; par elle avait pénétré dans la cavité pectorale une anse de l'intestin grêle et du gros intestin ; et cette dernière, distendue par le méconium, comprimait presque complètement le poumon gauche. Le poumon droit contenait de l'air dans ses lobes supérieur et moyen ; le lobe inférieur paraissait, au contraire, ne point avoir fonctionné. Dans la seconde, recueillie à la clinique de Prague par Streng, la fille qui offrait cette anomalie vécut seulement six heures. Quant à la dernière signalée par Hecker (t. 28, p. 211), la fente existait également à gauche, et, par elle, la rate, une partie de l'estomac et du foie avaient passé dans la poitrine. Conjointement il existait un hydrocéphale interne considérable, un écartement de trois vertèbres cervicales à travers lequel s'était produit un spina-bifida antérieur, et enfin une infiltration gélatineuse de la peau tellement considérable que le tronc de ce garçon mort-né opposa une résistance très-grande à l'accouchement.

A l'abdomen, il a été constaté un plus grand

nombre d'anomalies parmi lesquelles trois réclament plus spécialement l'attention. Une des plus communes est l'*éventration*, et ses diminutifs l'exomphale et la hernie ombilicale; on en a observé en tout 20 cas. Dans un de ces exemples, la hernie, du volume d'un œuf d'oie, contenait une grande partie de l'intestin grêle et le gros intestin jusqu'à la flexure sygmoïde: elle coïncidait avec un énorme développement du foie et une atrophie de la cage thoracique.

Plus rares, mais non moins dignes d'intérêt, sont les rétrécissements et oblitérations de l'intestin grêle et du duodénum; en général, ils sont sous la dépendance d'une péritonite intra-utérine et ont pour conséquence obligée une mort presque immédiate. Ils ont été observés quatre fois.

Moins désarmée à l'égard des *imperforations de l'anus*, la chirurgie a malheureusement de nombreux revers à enregistrer.

Chez un garçon à terme, issu d'une femme âgée de trente-neuf ans, à sa sixième grossesse, l'opération parut tout d'abord réussir; mais cette espérance fut déçue et la mort survint au vingtième jour (*Hecker*, t. 24, p. 151). Chez un autre garçon, chez lequel le raphé du scrotum se prolongeait jusqu'à l'anus, l'opération, malgré son insignifiance, provoqua une péritonite rapidement mortelle (*Grenser*, t. 29, p. 73). Chez un troisième, sur lequel le trocart avait suffi pour donner issue au méconium, la mort eut lieu au quatrième jour. On pourrait en citer d'autres exemples: ainsi, celui de Spaeth, dans lequel l'extrémité inférieure du rectum manquait; un autre, de Grenser (t. 1, p. 300), dans lequel cet intestin était placé à droite; mais ceux-là suffisent pour établir, avec la gravité de cette espèce, la nécessité de perfectionner l'opération instituée pour la combattre. En dépit des optimistes par tempérament, l'idéal n'est point encore atteint ; et si l'on peut se targuer de quelques beaux succès, on ne saurait oublier les échecs plus nombreux, inédits pour la plupart. Sans désespérer de l'avenir, il y a à remplir quelques désidérata et l'urgence est d'autant plus grande que ce vice de conformation est loin d'être excessivement rare. Abstraction faite des complications (trois hydrocéphales, trois cloaques féminins), il en a été relevé vingt-cinq cas, soit la proportion de 1 : 5000 ; c'est-à-dire une proportion beaucoup plus faible que celle donnée par M. Giraldès dans l'article *anus* du Dictionnaire de médecine et de chirurgie pratiques. Sur ce chiffre total, trois étaient compliqués : l'un d'une atrésie de l'urètre, et deux constituaient un exemple curieux de fistule recto-vulvaire. A raison des anomalies concomitantes, on donnera la traduction littérale d'un de ces faits. Une fille, née avec une atrésie de l'anus, expulsait le méconium par un étroit canal qui venait s'ouvrir à la vulve, entre la fourchette et l'hymen. Il existait simultanément deux hernies inguinales grossissant rapidement. — A l'autopsie, le rectum se trouva jusqu'à un pouce au delà de l'anus vulvaire, rétréci au point d'avoir le calibre d'une plume de corbeau ; au-dessus, par contre, il s'élargissait considérablement. Le vagin, bien développé, montrait un col utérin simple ; à celui-ci faisait suite un utérus volumineux, fortement incliné à droite vers l'anneau inguinal correspondant. Le ligament rond et la trompe du côté droit sont fortement raccourcis ; quant à l'ovaire, il se présente comme un corpuscule aplati, ligamenteux, son extrémité externe arrive tout près de l'ouverture abdominale du canal inguinal. La hernie de ce côté est formée par quelques anses de l'intestin grêle.

De la partie inférieure de cet utérus convexe, se détache à gauche une espèce de cordon délié qui se dirige obliquement vers l'anneau abdominal gauche. Ce cordon, rudiment de la corne correspondante, se termine supérieurement par une courte dilatation en forme de vessie, et par une courte trompe qui, de concert avec l'ovaire, rond, allongé, s'engage dans le canal inguinal avec le ligament rond qui était très-court. Il y avait donc du côté gauche une hernie inguinale complète de l'ovaire (*Birnbaum*, t. 25, suppl. heft, p. 291). La mort survint également dans l'autre exemple; mais en général il n'en est pas ainsi : j'ai observé une femme de trente-cinq ans qui offrait cette anomalie, plus dégoûtante que dangereuse; et qui, à force de soins incessants, était parvenue à la dissimuler à son mari.

Le système génito-urinaire a été 51 fois le siége d'anomalies, plus ou moins étendues; mais la proportion, à peu près rigoureusement exacte en ce qui concerne les organes apparents, est sujette à révision en ce qui concerne les organes cachés comme les reins, les urétères, les vésicules séminales et les organes internes du sexe féminin. Pour avoir la vérité tout entière et pour échapper à l'influence des séries, il faudrait des observations suivies faites à l'amphithéâtre des Maternités, et plusieurs vies d'hommes consacrées à cette tâche. Sous le bénéfice de ces réserves, voici l'énumération des cas relevés.

Abstraction faite des complications, l'exstrophie de la vessie a été observée 4 fois à l'état de simplicité, et notamment chez un enfant vivant, pesant huit livres, provenant d'une femme âgée de quarante-deux ans à sa huitième grossesse. Au-dessous du nombril placé plus bas que d'habitude, se trouve une saillie rouge vif, du volume d'une pomme, que l'on reconnaît aisément pour la paroi postérieure de la vessie. L'enfant mourut, au seizième jour, d'atrophie, mais en général cette lésion congénitale est compatible avec la vie. Il en est de même pour l'hypospadias, dont le premier degré a été observé vingt fois, et dont le dernier degré, plus communément désigné sous le nom d'hermaphrodisme masculin, a été relevé deux fois.

Par un hasard inexplicable, j'ai recueilli, sur les anomalies relatives à l'appareil génito-urinaire, de nombreux documents : j'ai observé, tour à tour, l'absence (2 fois), la fusion (2 fois) et le déplacement des reins (1 fois); la cryptorchidie (2 fois) et la monorchidie (8 fois); l'hypospadias à ses divers degrés, dont j'ai dans mes cartons neuf observations, et enfin un exemple excessivement curieux de déroulement de l'épididyme, dont j'ai, en 1854, donné la description (*Revue thérapeutique du Midi* et *Gaz. méd. de Paris*, 1855, p. 20). La nature de cette étude ne comportant pas des détails minutieux, on se borne à cette énumération; mais on espère plus tard faire connaître, dans la presse médicale, les particularités de ces cas intéressants à plusieurs points de vue. A l'égard des anomalies dont les organes de la génération sont susceptibles chez le sexe féminin, le hasard ne m'a pas moins bien favorisé; quelques-unes ont été même l'objet de publications diverses, mais un plus grand nombre est consigné dans mes notes. En attendant que ces documents puissent être utilisés dans un ouvrage spécial, ceux qui figurent dans le relevé statistique seront seuls évoqués.

Chose singulière, l'anomalie désignée sous le nom de *cloaque complet* et dont la science compte à peine une vingtaine d'exemples, y est représentée par trois observations : deux, celle de Martin et celle qui m'est propre, ont été décrites longuement ; quant à la troisième, recueillie à la clinique de Leipzig, il ne m'a été permis de l'apprécier que parce que Credé l'a rapprochée de celle que j'avais publiée en 1857. L'utérus unicorne, ainsi dénommé à raison de sa constitution anatomique, a été rencontré trois fois, en y comprenant, avec le cas communiqué en 1855 à l'Académie des Sciences par l'auteur, celui si curieux dont il a donné plus haut la traduction. Sur une fille née en 1847 à la Maternité de Berlin, Busch trouva, avec des globes oculaires complètement atrophiés, avec une gueule de loup, un utérus bicorne précédé par un vagin double dans toute sa longueur. Sur une autre fille, observée par le même auteur, les parties sexuelles étaient à peine développées ; le clitoris très-grand, attenant à l'anus, recouvre en arrière l'urètre fendu dont l'ouverture, à peine profonde d'une ligne, se termine en cul de sac. L'urine s'écoulait par le rectum. A l'autopsie, on trouva l'utérus du volume d'une lentille, creux et se terminant dans un canal qui s'ouvrait dans l'anus, tout près de son ouverture extérieure. On pouvait voir également l'urètre partant de la vessie aboutir à un tube étroit figurant le vagin. De chaque côté, il y avait un ovaire et une trompe ; à gauche, ces organes étaient peu développés et en connexion non évidente avec l'utérus ; à droite, au contraire, la trompe plus accusée provient de la corne droite de l'utérus. De plus, chez cette enfant, l'avant-bras gauche était raccourci, recourbé, et la main insérée à angle droit, manquait de pouce.

L'hermaphrodisme féminin a été constaté une fois ; comme toujours c'était une fille à vagin imperforé et à clitoris démesurément allongé. L'imperforation du vagin, question étudiée longuement dans mon mémoire sur *l'atrésie des voies génitales de la femme*, a été rencontrée deux fois. Complétons cette énumération en signalant une tumeur sacrée dans le sens le plus étroit du mot, trouvée chez une fille à terme, entre l'anus et le coccyx. Cette tumeur, du volume d'une noisette, était fendillée, revêtue d'une peau normale, et sans communication avec le canal vertébral. Dans un autre cas, recueilli par le d[r] Godefroy, la tumeur développée entre l'anus et le coccyx avait le volume de la tête du fœtus et était constituée par du tissu encéphaloïde.

Les lésions du système osseux sont assez communes, mais comme en général elles ont peu d'importance, elles ne sauraient nous arrêter longuement. Elles existent — tantôt à l'état de complications ; exemples, l'os inter-maxillaire dans la gueule de loup, l'absence des apophyses épineuses et des lames vertébrales dans le spina-bifida; —tantôt à l'état de simples variétés; exemples,les ossifications incomplètes de la voute du crâne, les fausses sutures, les fausses fontanelles, etc. En fait d'anomalies véritablement importantes, il y a seulement à signaler le rachitisme congénital, observé deux fois, et la fracture congéniale de plusieurs os constatée sur une fille à terme, issue d'une femme de trente-neuf ans, mère pour la dixième fois.

Les membres dont il reste à parler peuvent être,

eux aussi, le siége d'anomalies produites soit par excès, soit par défaut de développement. On y observe encore sinon exclusivement, du moins plus souvent qu'en tout autre point du corps, l'action mécanique du cordon ombilical ou des brides accidentelles, lesquels, sous l'influence de conditions multiples et inexpliquées, peuvent amener la ligature des membres, leur atrophie et même leur section complète. Ces cas, décrits dans la science sous le nom d'amputations spontanées, ne sont pas excessivement rares, mais bien peu étaient aussi nettement caractérisés que celui qu'il m'a été donné de rencontrer. Chez cet enfant, la section s'était effectuée au niveau du tiers moyen de la jambe gauche, et le fragment adhérant encore au lien constricteur, portait le stigmate de la cause productrice. A défaut de cet indice révélateur, absent dans la plupart des cas consultés, on distinguera ces faits des véritables arrêts de développement, avec lesquels ils ont souvent été confondus, en ce que le membre, siége de la lésion, présente tout-à-fait la physionomie d'un moignon d'amputé à ses divers degrés de cicatrisation.

Le développement incomplet de l'avant-bras a été relevé trois fois : dans un de ces cas, le radius et le cubitus étaient plus courts que leurs congénères, et, au lieu de mains, on avait deux doigts insérés directement sur les os du carpe. On a constaté, un même nombre de fois, la difformité décrite sous le nom de *main bote*, et neuf fois l'absence d'un ou de plusieurs doigts. Sur une fille vigoureuse, née d'une tripare âgée de quarante ans, la main droite avait seulement trois doigts ; l'annulaire et l'auriculaire manquaient. Sur une autre, le pouce fait défaut à la main droite; le métacarpe de l'index est régulièrement conformé;

seulement, vers son milieu, il décrit une saillie en dehors, comme s'il allait former le pouce absent. Le pouce de la main gauche présente, avec des phalanges atrophiées, l'absence du métacarpe, et est attaché à l'index à la façon d'un appendice. Chose à noter, la mère de cet enfant en avait déjà engendré un autre chez lequel les deux pouces étaient absents. De mon côté, j'ai rencontré l'absence des doigts sur une fille et un garçon nés à la Maternité de Toulon : chez la première, l'annulaire et le petit doigt manquaient complètement à la main droite ; chez l'autre, ces deux doigts faisaient défaut aux deux mains. Conjointement, la jambe gauche était raccourcie, le tibia et le péroné offraient une courbure très-prononcée, et le pied était dévié en dedans.

La *syndactylie*, ou soudure des doigts entre eux par une membrane palmée, est un phénomène d'observation assez fréquente, puisqu'il en a été relevé dix cas. Un de ces exemples a été recueilli par moi sur une fille, et, grâce à une opération autoplastique, il m'a été donné de séparer avec succès ce que la nature avait vicieusement réuni. Dans un autre exemple constaté sur un fœtus de huit mois et demi, les orteils participaient à la lésion : les gros orteils adhéraient avec le deuxième orteil et les petits orteils avec le cinquième. A la main, il en était de même, ou, pour être plus précis, le pouce adhérait avec l'index, et l'annulaire avec le petit doigt. Dans un autre exemple, outre la syndactylie, on constata un petit doigt surnuméraire.

La *polydactylie* (doigts surnuméraires) se rencontre beaucoup plus communément et consiste tantôt en un double pouce (huit fois), tantôt en un double petit doigt, ce qui est plus fréquent (dix-neuf fois). Le doigt surnuméraire est quelquefois complet, c'est-à-dire avec phalanges et métacarpe; plus souvent incomplet et réduit aux phalanges, ou même atrophié au point d'être semblable à une petite cerise. Dans le premier cas, l'opération ne saurait être conseillée ; mais, dans le second, l'extirpation peut être faite, ainsi que cela a été pratiqué plusieurs fois avec succès. Dans la variété dite *double pouce*, il est rare que les deux doigts soient également développés, c'est-à-dire qu'il y ait deux métacarpes et des phalanges en nombre double : le plus habituellement, la deuxième phalange participe à la division et s'insère isolément, mais fortement, avec la première ; la moitié supérieure et les ongles sont alors complètement séparés et sont même susceptibles de mouvements particuliers, alors que l'une des moitiés est fixée. J'ai, pour ma part, observé plusieurs fois cette anomalie, qui est très-répandue. Le relevé statistique en compte 45 exemples, qui se distribuent à savoir : 27 pour une main, et alors le plus souvent pour la main gauche; 12 fois pour les deux mains et 6 fois aux mains et aux pieds. En général, il y a seulement un doigt et un orteil en surplus : pourtant, Hugenberger a, dans un cas, observé deux doigts surnuméraires à chaque main et deux orteils à chaque pied. Ce nombre peut même être dépassé, et on a vu chaque doigt et chaque orteil se dédoubler. Saviard parle d'un cas où il existait dix appendices à chaque main et pied ; et, à en croire Ruff, il serait né à Zurich un enfant avec douze doigts à chacune des extrémités. A dire toute mon opinion, ce dernier fait paraît devoir être sérieusement suspecté, non pas à raison de son ancienneté — il remonte au XVIe siècle

— mais parce qu'il est en contradiction manifeste avec les lois régissant la matière organisée. On comprend, à la rigueur, la possibilité du dédoublement de toutes les phalanges du corps, mais l'esprit répugne à admettre la possibilité d'une nouvelle subdivision.

A raison de l'analogie anatomique, les membres inférieurs sont sujets aux mêmes anomalies que les membres supérieurs, seulement leur rapport proportionnel varie sensiblement. La polydactylie, très-commune à la main, est rare au pied, et la syndactylie se présente beaucoup plus souvent que la palmipédie. A s'en rapporter au relevé statistique, l'une et l'autre espèce existent simultanément aux pieds et aux mains. Mais, à s'en référer à mes observations, corroborées par le témoignage de quelques auteurs, elles sont susceptibles de se constater isolément. A deux reprises, j'ai rencontré des orteils surnuméraires et des orteils palmés, sans qu'un état analogue existât aux membres supérieurs.

Si les amputations spontanées ont indifféremment l'un ou l'autre siége, il n'en est pas de même, au point de vue de la fréquence, pour la déformation décrite sous le nom de main et de pied bots : d'observation exceptionnelle à la main, elle est, au contraire, très-commune aux pieds, et se trouve même la plus fréquente des lésions congénitales. Abstraction faite des six sujets sur lesquels elle existait à l'état de complication, on en a 61 cas, dont 40 pour un côté, et 21 pour les deux côtés. La variété la plus commune est le pied varus; quand au pied valgus, il revendique seulement neuf observations.

Outre le cas de jambes recourbées signalé plus haut, il en existe un autre dans lequel les jambes présentaient cette particularité au plus haut degré : en même temps elles étaient fortement tournées en dehors, de telle sorte que le bord externe des pieds regarde en haut. Chez un garçon observé par Busch, les genoux étaient déformés à un tel point que les jambes ne pouvaient être allongées ; en même temps, il se trouvait, à l'insertion inférieure du ligament rotulien, un corps arrondi figurant une seconde rotule. Conjointement, l'os pisiforme de chaque main était extrêmement saillant, et la colonne vertébrale inclinée du côté gauche.

Afin de compléter cette énumération, qui a dû glisser sur bien des espèces pour ne pas être fastidieuse, j'ai groupé, dans un tableau d'ensemble, les éléments de cette étude; pour bien fixer les idées à cet endroit, j'ai signalé chemin faisant les principales complications. Il en est cependant une qui méritait à raison de son importance d'être mise en saillie: c'est l'existence simultanée de mains et de pieds bots. En effet, elle a été relevée deux fois sans autre difformité et une autre fois surajoutée à la gueule de loup, ainsi que cela a été signalé à cette espèce (XI).

Ve TABLEAU.

Anomalies partielles.

APPAREIL DU CORPS.	Nos d'ordre.	ESPÈCES, COMPLICATIONS.	TOTAL partiel.	TOTAL général.
Appareil cérébro-spinal (95.)	I	Hydrocéphalie simple	46	
		— compliquée avec spina-bifida	4	
		— avec spina-bifida double et déf. d'ossif. du crâne	1	
		— avec spina-bifida et hernie diaphragmatique	1	
		— avec spina-bifida et atrésie de l'anus	1	
		— avec spina-bifida et pieds bots	1	
		— compliquée avec double lagophthalmie	1	
		— avec gueule de loup	1	
		— avec double bec de lièvre et hernie ombilicale	1	
		— avec atrésie de l'anus	1	
		— avec arrêt de développement des membres	1	
		— avec membres abd. réunis abs. de l'anus et des parties génitales	1	60
	II	Spina-bifida simple	32	
		— compliquée de pieds bots	3	
		— — d'hydrocéphalie pour mémoire	8	
		— — d'hémicéphalie pour mémoire	1	35
Appareil de l'ouïe (3)	III	Absence du conduit auditif externe	1	
	IV	Adhérence des deux conques auditives	1	
	V	Appendice au tragus de l'oreille droite	1	3
Appareil de la vision (6).	VI	Absence de l'œil droit	1	
	VII	Absence ou état rudimentaire du bulbe	2	
	VIII	Atrophie du globe de l'œil	2	
	IX	Nuage sur les deux cornées	1	6
	X	Bec de lièvre uni ou bilatéral simple	35	
		— avec gueule de loup	10	
		— avec fissure des joues	9	54

APPAREIL DU CORPS.	N^os d'ordre.	ESPÈCES, COMPLICATIONS.	TOTAL partiel.	TOTAL général.
Lèvres, gosier, visage, glandes salivaires (78).	XI	Gueule de loup seule	12	
		— compliquée de double vagin et d'utérus double.	1	
		— de pieds et de mains bots.	1	14
	XII	Division du voile du palais	6	
	XIII	Difformité du visage en groin de cochon	1	
	XIV	Grenouillette congénitale	1	
	XV	Hypertrophie de la parotide	2	
Appareil de la circulation sanguine (12).	XVI	Anomalie du cœur	2	
	XVII	Tumeurs érectiles	2	
	XVIII	Envies de naissance (*nœvi materni*).	8	
Tube digestif, abdomen (59).	XIX	Hernie diaphragmatique simple	2	
		— avec hydrocéphalie et spina-bifida ant. p. mémoire	1	2
	XX	Oblitération de l'œsophage	1	1
	XXI	Dilipogastrice (compte rendu de Vienne)	3	3
	XXII	Rétrécissement, oblitération de l'intestin grêle	4	4
	XXIII	Eventration, exomphale	20	20
	XXIV	Hernie inguinale double	2	2
	XXV	Imperforation de l'anus simple	22	
		— avec atrésie de l'urètre	1	
		— avec hydrocéphalie (p. m.)	3	
		— avec fistule recto-vulvaire	1	
		— — utérus unicorne et ectopie de l'ovaire.	1	25
	XXVI	Rétrécissement congénial du rectum.	2	2
Système génito-urinaire. (51).	XXVII	Hypertrophie des reins	1	1
	XXVIII	Exstrophie de la vessie simple	4	
		— avec éventration, utérus bipartitus	3	7
	XXIX	Epispadias	1	
	XXX	Hypospadias	20	
	XXXI	Atrésie de l'urètre simple	1	
		— avec dilatation de la vessie, anomalie des org. féminins	1	
		— avec imperfection de l'anus (pour mémoire)	1	2
	XXXII	Monorchidie	1	1
	XXXIII	Hermaphrodite masculin	2	2
	XXXIV	Phymosis congénital	4	4
	XXXV	Prépuce incomplet	2	2

APPAREIL DU CORPS.	Nos d'ordre.	ESPÈCES, COMPLICATIONS.	TOTAL partiel.	TOTAL général.
Système génito-urinaire. (51).	XXXVI	Hermaphrodite féminin............	1	1
	XXXVII	Cloaque avec éventration, exstrophie de la vessie, utérus didelphis, pour mémoire......................	3	
	XXXVIII	Anomalies de l'utérus, utérus bicorne, avec gueule de loup, pour mémoire......................	1	
	XXXIX	Utérus unicorne avec absence du rein.	2	2
		— avec anus vulvaire, pour mémoire.....	1	
	XL	Utérus rudimentaire avec déformation de la main	1	1
	XLI	Vagin imperforé..................	2	2
	XLII	Clitoris bifide	1	1
	XLIII	Tumeur sacrée	2	2
Système osseux (8).	XLIV	Rachitisme congénial	2	2
	XLV	Fracture congéniale des os.........	1	1
	XLVI	Struma congenita..................	5	5
Appareil de la préhension. (79).	XLVII	Amputations spontanées...........	9	9
	XLVIII	Arrêt de développement de l'avant-bras.........................	3	3
	XLIX	Mains botes	3	3
	L	Absence de doigts simple	8	
		— avec jambe recourbée...	1	9
	LI	Syndactylie (doigt palmés) simple...	8	
		— avec orteils palmés.....	1	
		— avec doigt surnuméraire.	1	10
	LII	Doigt surnuméraire d'un côté.......	19	
		— double pouce	8	
		— des deux côtés....	12	
		— aux mains et pieds.	6	45
Appareil de la locomotion. (63).	LIII	Luxation congéniale du genou	1	1
	LIV	Jambes recourbées, simple.........	1	
		— avec absence de doigts, pour mémoire	1	1
	LV	Pied bot varus d'un côté	33	
		— des deux côtés..........	19	52
	LVI	Pied bot valgus d'un côté..........	7	
		— des deux côtés...........	2	9
		Total des sujets anormaux.....		454

En résumé, les 454 enfants, qui constituent le premier groupe et forment la matière du ve tableau, offrent à l'étude cinquante-six espèces principales et quarante complications ou anomalies surajoutées, parmi lesquelles deux seulement, la lagophthalmie et l'ectopie des ovaires, ne figurent pas dans le dénombrement général. En tenant compte des complications et en distribuant les espèces d'après leur fréquence, on arrive en conséquence au classement suivant :

I.	Pied-bot	67
II.	Hydrocéphalie	60
III.	Bec de lièvre	54
IV.	Doigts surnuméraires	46
V.	Spina-bifida	44
VI.	Imperforation de l'anus	28
VII.	Hypospadias	22
VIII.	Exomphale	21
IX.	Gueule de loup	14
X.	Syndactylie	10
XI.	Absence de doigts	9
XII.	Amputations spontanées	9
XIII.	Envies de naissance	8
XIV.	Exstrophie de la vessie simple et compliquée	7
XV.	Division du voile du palais	6

Vu l'importance des chiffres sur lesquels repose cette classification, vu le soin minutieux et la rigueur qui ont présidé au dépouillement des matériaux, on peut aujourd'hui regarder comme incontestablement établie la fréquence relative de ces quinze espèces ; quant aux quarante-trois autres, entre lesquelles se distribuent les quatre-vingt-dix faits restants, on sera moins affirmatif à leur endroit, et partant moins absolu dans ses conclusions. Sans méconnaître la valeur de l'enseignement qui en ressort, on croit sage, à raison du petit nombre de faits qui y ont trait, de se tenir sur une prudente réserve, et, avant de statuer définitivement, on attendra d'avoir recueilli de nouveaux documents statistiques. Il serait assurément téméraire et illogique de se conduire d'une autre façon.

B. Monstruosités unitaires ou anomalies généralisées.

Sous le nom de monstruosités unitaires ou d'anomalies généralisées, on a groupé les sujets dans lesquels les déviations ont leur retentissement dans l'économie tout entière, ou tout au moins ont entraîné des modifications capitales dans l'organe affecté. Plus graves que les anomalies partielles, plus souvent incompatibles avec la vie, échappant souvent, pour ne pas dire toujours, à l'action de la chirurgie, ces cas sont par compensation beaucoup moins répandus, bien qu'ils ne soient point aussi rares qu'on serait tenté de le désirer. En effet, sur les 517 observations qui constituent les matériaux de cette statistique, les monstruosités qui font l'objet de ce paragraphe en revendiquent encore 61 exemples, soit pour le chiffre total des anomalies la fraction $\frac{10}{85}$, et pour le chiffre total des naissances étudiées la fraction $\frac{1}{1639}$. En d'autres termes, il faut en moyenne 1639 naissances et environ 8 anomalies $\frac{47}{100}$ pour constater une monstruosité.

Les faits relatifs à ce groupe se répartissent d'une manière très-inégale entre quatorze espèces ; à côté d'espèces représentées chacune par un seul spécimen, il en est qui réclament quatorze et même dix-huit observations. L'extrémité céphalique a encore ici le triste privilége de la prééminence : alors que, pour les anomalies partielles, elle a été lésée chez 147 enfants, c'est-à-dire sur à peu près le tiers du nombre total, ici elle marche la première avec 46 faits, c'est-à-dire avec plus des deux tiers des observations et même 48 faits, si comme de juste on y rattache la cyclopie et l'agnathie. Explique qui pourra cette particularité regrettable ; quant à moi, je me borne à la constater et passe, sans plus de commentaires, à l'énumération succincte des espèces.

Après l'hydrocéphalie étudiée au début du précédent paragraphe, se place naturellement l'*encéphalocèle* ou hernie du cerveau, effectuée à travers les os du crâne incomplètement soudés. C'est la monstruosité la plus simple de l'encéphale, et c'est aussi la seule qui soit compatible avec la vie, à condition que la tumeur ne soit pas très-volumineuse. J'ai pourtant, dans mes notes, l'observation d'une enfant, originaire d'Ollioules (Var), chez laquelle la hernie avait le volume du poing d'un adulte ; elle siégeait au sommet de la tête, et s'était fait jour à travers les pariétaux non ossifiés. Cette petite fille, âgée de huit mois, au moment où elle fut amenée à l'Hôtel-Dieu de Toulon, se portait très-bien, malgré cette grave lésion. Cette variété pariétale est assez rare ; on observe plus communément la variété frontale, et un peu plus souvent la variété occipitale, ainsi dénommées par ce qu'elles indiquent l'os du crâne à travers lequel s'est produit le déplacement de la masse cérébrale. Le volume de la tumeur varie naturellement avec l'étendue de la perforation osseuse, et les complications qui peuvent venir s'y surajouter varient également avec les cas observés. Dans un de ceux compris dans le relevé, il y avait simultanément exophthalmie, écartement des os du nez, bec de lièvre et division du voile du palais. Dans un autre, signalé avec juste raison par le docteur Godefroy, de Rennes, la hernie cérébrale s'était produite à travers un hiatus placé entre le sphénoïde et la selle turcique, s'accompagnait de la division de la voûte palatine et venait sortir au dehors entre les lèvres du fœtus.

Au lieu de se faire issue par une perforation plus ou moins restreinte et de rester logé pour la majeure part dans la cavité cranienne, l'encéphale peut sortir tout entier et n'avoir d'autre enveloppe que ses membranes propres. Cette espèce, désignée sous le nom d'*exencéphalie* est une véritable monstruosité, tandis que l'espèce précédente pouvait être considérée comme un intermédiaire entre celle-ci et les anomalies partielles. Presque aussi fréquente que l'encéphalocèle, elle est encore plus grave et entraîne à sa suite une mort plus ou moins prompte.

Dans l'*hémicéphalie,* encore plus fréquente à en juger par le relevé, les lésions sont encore plus considérables. Le sommet de la tête manque tout entier, ainsi que la plus grande partie de l'écaille frontale et la moitié de l'occipital ; la partie horizontale du frontal est très-courte, l'ethmoïde très-étroit, généralement cartilagineux, le sphénoïde rudimentaire et la base du crâne insérée immédiatement sur les épaules. Le cerveau est absent ou atrophié ; aussi les enfants porteurs de cette monstruosité viennent au monde morts, ou succombent dans les quarante-huit heures qui suivent la naissance.

L'*anencéphalie*, caractérisée par des lésions osseuses encore plus grandes et par l'absence complète de l'organe encéphalique, est également incompatible avec la vie extra-utérine ; on cite cependant quelques cas dans lesquels des mouvements inspiratoires ont été constatés.

La *cyclopie*, ainsi désignée à raison de la similitude qu'elle présente avec le fameux Cyclope d'Homère, est caractérisée essentiellement par l'existence d'un seul œil placé à la racine du nez : elle est excessivement rare, et encore, dans le cas auquel il est fait allusion, elle était incomplète.

La *paracéphalie*, c'est-à-dire l'absence complète du crâne et incomplète de la face, a été observée une fois.

L'*agnathie* , c'est-à-dire l'absence de la mâchoire inférieure a été constatée également une fois : la fille qui en fait le sujet était mort-née ; elle était longue de 42 centimètres et pesait seulement deux livres trois-quarts.

Après les monstruosités de l'extrémité céphalique, viennent, mais à une grande distance, les monstruosités concernant les membres thoraciques et abdominaux; alors que les premières sont représentées par 48 observations, les secondes ont seulement à leur actif 10 observations.

L'*ectromélie*, caractérisée par l'absence d'un ou de plusieurs membres, a été relevée 8 fois ; dans deux cas, l'absence était complète ; dans cinq, les membres étaient courts, rapetissés (phocomélie); enfin, dans le dernier, recueilli avec détails par Retzius, il y avait *micromélie*. Sur le sujet décrit par Adelmann, le bras et l'avant-bras manquaient, et les mains venaient s'insérer sur le moignon de l'épaule. Dans celui que j'ai observé et qui a été le point de départ du travail communiqué en 1857 à l'Académie des Sciences, le bras gauche faisait complètement défaut, sans que rien permît de supposer qu'il y eût eu là une véritable amputation intra-utérine.

Le genre symèle, caractérisé par la réunion des membres inférieurs et les difformités concomitantes du tube digestif et des organes de la génération, a été rencontré deux fois ; l'un de ces cas a trait à l'*uromélie,* et l'autre à la *sirénomélie.*

Hugenberger a signalé, dans son relevé partiel, deux formations naines qu'on a dû noter pour être complet, mais à l'endroit desquelles on désirerait avoir des renseignements détaillés : l'une d'elles a trait à un fœtus de cinq mois ; quant à l'autre, elle concernerait un enfant à terme pesant dix livres.

Enfin, je terminerai cette énumération en reproduisant la description suivante donnée par Birnbaum ; elle est figurée dans le VIe tableau par la désignation d'*anomalies multiples.*

« Fœtus masculin avec défaut d'ossification du maxillaire inférieur, atrophie dans la longueur des bras et des cuisses, mais développement monstrueux de leur épaisseur, avec six doigts à chaque main et six orteils à chaque pied. La cavité pectorale est atrophiée, ainsi que les poumons et le cœur. Le foie, la rate sont très-volumineux ; les reins complètement atrophiés, réduits à une petite capsule aplatie, sans urétères appréciables. Le tube intestinal se termine à l'extrémité supérieure du rectum par un renflement ; l'anus et l'extrémité inférieure du rectum font complètement défaut. La vessie, très-allongée, très-mince, très-déliée, n'a pas d'ouverture urétrale appréciable ;

conjointement la verge manque. Le scrotum fendu renferme les deux testicules; mais, au niveau de l'anneau inguinal, on ne peut découvrir trace de cordon spermatique. A l'extrémité inférieure de la fente, entre les deux sacs testiculaires, est une petite ouverture qui ne peut admetire une sonde, mais qui doit être interprétée comme l'indice du canal urétral ».

VIe TABLEAU.

Des monstres unitaires.

SIÉGE DES MONSTRUOSITÉS.	Nos d'ordre.	ESPÈCES.	NOMBRE de cas.	FRÉQUENCE proportionnelle
Extrémité céphalique (46)	I	Encéphalocèle	7	1 : 14285
	II	Exencéphale.......	6	1 : 16666
	III	Hémicéphalie......	18	1 : 5555
	IV	Anencéphalie......	14	1 : 7143
	V	Paracéphalie.......	1	1 : 100000
Face (2)...................	VI	Cyclopie incomplète.	1	id.
	VII	Agnathie..........	1	id.
Monstruosités des membres supérieurs et inférieurs (10)...	VIII	Ectromélie........	2	1 : 50000
	IX	Phocomélie........	5	1 : 20000
	X	Micromélie........	1	1 : 100000
	XI	Uromélie..........	1	id.
	XII	Sirénomélie........	1	id.
Anomalies générales (3)......	XIII	Formations naines.	2	1 : 50000
	XIV	Anomalies multiples	1	1 : 100000
Totaux généraux........	XIV	Espèces.........	61	Moy. 1 : 1639

C. Monstruosités doubles.

Les monstruosités doubles sont encore plus rares que les précédentes ; sur les 517 observations qui constituent les éléments de cette statistique, elles sont représentées par deux exemples seulement, soit, pour le chiffre total des anomalies, la fraction $\frac{1}{258}$, et pour le chiffre total des naissances, $\frac{1}{50000}$: en d'autres termes, il faut en moyenne 50,000 naissances et 258 anomalies ou monstruosités unitaires, pour être à même de rencontrer un monstre double. A en croire même des renseignements puisés à diverses sources, cette proportion serait trop basse, et, dans les conditions normales de la société il faudrait au moins un nombre quadruple de naissances pour arriver à cette constatation.

Quoi qu'il en soit de cette correction, dont les recherches ultérieures établiront le bien fondé, le premier de ces cas a été recueilli par Credé à la clinique obstétricale de Leipzig ; contrairement à ce qui arrive en semblable occurrence, la mère accoucha par les seuls efforts de la nature. L'enfant, du sexe masculin, était bien développé et à terme ; il n'avait qu'un tronc sur lequel venaient s'insérer les deux têtes, à l'extrémité occipitale desquelles il existait un appendice en forme de bourse. Quant au second, recueilli à Vienne, en 1864, il ne nous est connu que par le nom de *janus synotus*, sous lequel il est désigné.

De mon côté, j'ai observé deux cas de ce genre. Le premier, rencontré en 1855 à Toulon, a été l'objet d'une description détaillée ; sa relation, après avoir été consignée dans les *Annales cliniques de Montpellier*, a été plus tard réunie en une brochure intitulée : *Etude sur un monstre double compliqué de deux autres monstruosités.* Pour cette raison, il ne saurait m'occuper longuement ; renvoyant pour les détails au journal ou à l'opuscule ci-dessus mentionnés, je me bornerai à rappeler ici que les deux enfants du sexe féminin étaient réunis par le tronc et le cou (dérodyme); que l'un d'eux avait la tête normalement conformée, alors que l'autre n'avait ni front, ni voûte crânienne, ni cerveau (dérencéphale). De plus le bassin, commun aux deux enfants, était réduit à un seul os ; l'unique membre attenant, obéissant à un mouvement de demi-rotation, présentait en avant la face postérieure et en dedans la face externe. Le pied manquait ainsi qu'une partie de la jambe. Joignez à cela l'absence du rectum, des organes génito-urinaires à l'exception des trompes et des ovaires (uromèle), et vous aurez une idée à peu près complète de cette monstruosité. Ce cas, unique dans la science lors de sa publication, l'est encore aujourd'hui; et, à raison de sa complexité, il est probable que de longtemps il ne se présentera pas à l'observation.

Le second, recueilli à Nimes, dans une baraque de la place des Arènes, a trait à une monstruosité *parasitaire* du genre *hétérodyme*; moins rare que le précédent, il n'est pas cependant très-commun, puisque Fœrster en a signalé seulement quatre exemples; néanmoins, comme il est encore inédit, on me permettra de le rapporter dans l'intégralité de ses détails.

« *Louis Girardi*, issu d'un ménage peu fortuné, habitant San-Dide, village des environs de Suze (Piémont), est le dernier né de six enfants bien conformés, lui seul excepté. Les ascendants du père et de la mère, comme ceux-ci du reste, avaient une conformation régulière; au moment de la naissance de Louis, le père, Stéphano, avait 48 ans, et la mère, une brune aux cheveux noirs, vigoureusement charpentée, avait 32 ans.

» A en croire la mère, qui m'a fourni la plupart de ces renseignements, cette sixième et dernière grossesse ne fut signalée par aucun incident particulier: au moment de la conception comme pendant la gestation, elle n'éprouva d'émotions, de contrariétés d'aucune sorte, rien en un mot qui pût expliquer la monstruosité qu'elle mit au monde le 20 mars 1865. D'après son dire, la tête du parasite avait, à la naissance, une conformation un peu différente de celle qu'elle a aujourd'hui; dans une opération pratiquée à l'hôpital Saint-Jean de Turin, on aurait incisé une poche de la grosseur du poing, et donné issue à de la sérosité, à du sang et à une matière blanche (pulpe cérébrale); mais cette tumeur, qu'on aurait vidée afin d'éviter un développement ultérieur, n'avait point d'enveloppe osseuse; et, en admettant pour exactes ces données diverses, c'eût été un *hyperencéphale* ou bien encore un *exencéphale*.

» Quoi qu'il en soit, cet enfant fut allaité par sa mère pendant deux ans; vers le douzième mois, les premières dents parurent et leur sortie successive s'effectua sans convulsions et sans troubles notables. Les premières années de son existence se passèrent bien; c'est seulement pendant le voyage et sa venue en France qu'il a souffert de la fièvre et d'une constipation rebelle. Actuellement (15 juin 1870) il se porte parfaitement et mange beaucoup, comme du reste il a toujours fait; sa taille et son développement sont ordinaires; il a 93 centimètres de hauteur et paraît vigoureusement constitué. La figure est intelligente et régulière; les cheveux sont châtains foncés; les prunelles, les sourcils sont noirs, ainsi que les cils qui sont très-longs. En un mot, il serait parfaitement conformé, sauf la monstruosité qu'il reste à décrire et qui a motivé les détails précédents.

« Les régions épigastrique et ombilicale sont occupées, dans leur milieu et dans une étendue transversale de 8 à 9 c., par une tumeur complexe, d'une longueur totale de 20 c., à forme ovoïde, à partie supérieure et inférieure complètement libres, et à direction légèrement oblique de haut en bas et de droite à gauche. Au premier abord, cette tumeur semble être constituée d'une même façon ; mais, lorsqu'on procède à un examen minutieux, on est vite convaincu du contraire, et on est amené à distinguer deux parties, l'une supérieure, l'autre inférieure : la première, adhérente à l'épigastre, ayant des caractères spéciaux ; la seconde, contiguë à la précédente, mais développée aux dépens des téguments de l'anneau ombilical. Au palper, cette partie de la tumeur donne des sensations spéciales et pathognomiques ; on y constate des gargouillements, des bruits, et par des pressions ménagées on arrive à en opérer la réduction. Quand on a obtenu ce résultat, on a une peau flasque, mince, à la partie postérieure de laquelle on remarque une cicatrice de la grandeur d'une pièce de cinq francs, correspondant à l'endroit où s'insérait l'unique cordon ombilical, et se trouvant, en l'état naturel des parties, tout près de la racine du pédicule. L'anse intestinale herniée est très-volumineuse, mais elle ne constitue pas à elle seule toutes les parties prolabées ; car, en haut et à droite, est une partie dure, adhérente ou tout au moins irréductible, que l'on croit être un fragment du foie. Quoi qu'il en soit de cette supposition, autorisée par la structure ou mieux la composition habituelle des exomphales, la hernie n'était pas primitivement aussi grosse, et depuis la naissance elle se serait développée d'une façon à peu près continue. On a même cherché à combattre cet accident ; on a, dans ce but, appliqué tour à tour une pelote, une ceinture, une ventrière qui, faute de pouvoir être supportées, ont dû être laissées de côté. Actuellement, mesurée aussi haut que possible et ras du pédicule, elle a 22 c. de circonférence ; 20 à l'extrémité inférieure, et 15 en longueur. Ces mesures ont été prises, le matin au moment où il venait de se lever, c'est-à-dire à l'heure de la journée où il est dans les meilleures conditions.

» En résumé, la partie inférieure de la tumeur est constituée par une exomphale, remontant au deuxième mois de la vie intra-utérine, et développée progressivement par l'absence de contention. A mes yeux, c'est là un accident très-grave ; on le comprend, le moindre coup, une pression un peu forte, des écarts de régime peuvent amener l'inflammation de la tumeur et une péritonite consécutive.

» La partie supérieure de la tumeur a, avec une autre origine, une composition différente: tandis que la partie précédemment décrite est un déplacement herniaire produit de dedans en dehors et se reliant d'une façon intime avec l'arrêt de développement de la paroi antérieure de l'abdomen; celle-ci est une partie surajoutée, un fragment d'un autre enfant.

» D'une longueur totale d'environ 15 c., elle est limitée en bas par la tumeur herniaire, et en haut par la peau qui, après avoir recouvert le haut de l'épigastre, se réfléchit sur la partie antérieure de son pédicule, de façon à lui former enveloppe. Au point de vue anatomique, elle peut être subdivisée en deux segments; l'un supérieur, complètement libre, l'autre inférieur, plongeant en quelque sorte dans la cavité abdominale et se fusionnant, en apparence du moins, avec l'exomphale. Le point par lequel elle adhère avec l'abdomen, ou pédicule, a 30 c. de circonférence, et à peu près 8 de hauteur; mais, en défalquant l'épaisseur des parties herniées, on n'a guère plus de 4 c., et encore ce chiffre n'est point mathématiquement rigoureux, vu la difficulté éprouvée pour faire cette mensuration après réduction préalable.

» Le segment supérieur et complètement libre de la tumeur a une physionomie différente, suivant qu'on examine ses faces antérieure ou postérieure. En conséquence, pour apporter plus de clarté à la description, on les étudiera tour à tour.

» En avant, et en procédant de haut en bas, on constate d'abord une saillie mamelonnée, irrégulière, cicatricielle, du volume d'une pomme d'api, et formée par une peau dure, résistante. Cette saillie, sur laquelle, au rapport de la mère, a porté le bistouri du chirurgien de Turin, est constituée par les membranes cérébrales épaissies et hypertrophiées ; on ne sent point à son intérieur de cavité, et en la pressant, la tirant en divers sens, on ne provoque point de sensation appréciable, de douleur apparente.

» Immédiatement au-dessous de cette saillie est une peau épaisse, rappelant par certains de ses caractères le cuir chevelu, et revêtue, dans les deux tiers de sa circonférence et dans une étendue de 2 c. de hauteur, par des cheveux noirs, fins, en quelque sorte soyeux, d'une longueur de 7 à 8 c. On a beau palper en en tous sens cette surface bosselée à la façon de la nuque, on ne perçoit point d'os occipital ni de noyaux cartilagineux. Au-dessous, est une peau normale représentant par sa forme, sa composition, la face postérieure du cou ; en effet, à travers cette peau tapissée d'une couche épaisse de tissu graisseux, on constate une série de petits os, échelonnés les uns sur les autres à la façon des vertèbres. Ces vertèbres cervicales sont-elles complètes ou incomplètes ? forment-elles un véritable canal rachidien ? Il est difficile de se prononcer à cet égard. Au delà de ce tronçon de cou, on arrive sur la paroi abdominale, et, d'après les résultats négatifs de l'auscultation, on conclut à l'absence du cœur et des organes pulmonaires.

» Si on soulève la tumeur parasitaire et si on l'étudie par derrière, on constate, regardant du côté de l'épigastre de l'enfant, une face rudimentaire occupée, dans la plus grande partie de son étendue, par une cavité assez régulièrement triangulaire, à base tournée vers le haut, ayant environ 3 c. de longueur, et à bords latéraux de longueur à peu près égale, dirigés de haut en bas et de dehors en dedans de façon à se rencontrer vers le milieu de cette face. La hauteur du triangle, mesurée du milieu à la base, est de 2 c. environ. Cette cavité est circonscrite par des bourrelets cutanés assez saillants, plus larges à la base que sur les côtés et dont le rebord interne, presque rectiligne, est de couleur rouge vif ; tapissée par une membrane de la nature des muqueuses et d'un rouge assez pâle, elle est peu profonde et secrète des mucosités. Signalons, en terminant, l'existence d'une petite languette au point de rencontre des bords latéraux.

» Cette cavité, vestige de la cavité buccale, occupe presque toute la face; par suite, il n'y a, en aucun endroit, de noyaux osseux ; nulle part on n'a trouvé de nez, yeux, oreilles, même à l'état rudimentaire. De chaque côté et au-dessus , on note quelques petits poils courts et noirs de coloration ; tandis qu'immédiatement au-dessous et se confondant avec le pédicule, on observe une surface cutanée de peu d'étendue, représentant la région antérieure du cou.

« L'exploration de ces diverses parties est médiocrement douloureuse pour l'enfant, à la condition d'être faite avec ménagement. Au début, ma présence seule le faisait pleurer ; mais plus tard, familiarisé avec ma vue et rassuré sur la nature de mes intentions, il se prêta assez volontiers aux investigations et finit même par avouer qu'il redoutait en moi le médecin que son instinct lui avait fait reconnaître, plutôt que les sensations douloureuses causées par l'examen. Si une pression sur la hernie était plus vivement ressentie que sur la tumeur parasitaire, celle-ci n'était point exempte de sensibilité, ainsi qu'on s'en assure en faisant détourner la tête en même temps qu'on pince la peau. Cette sensibilité est-elle un phénomène purement réflexe, ou bien les nerfs qui parcourent le parasite se relient-ils au conjoint bien développé ? c'est ce qu'on ne peut préciser.

» Vu les résultats négatifs de l'auscultation , on peut affirmer l'absence complète du cœur, mais on ne saurait dire de quelle façon s'exécutent les phénomènes de la circulation. Suivant toute probabilité, le sang qui anime la tumeur lui vient par les rameaux cutanés de l'artère mammaire interne ou bien des rameaux provenant de l'artère épigastrique. Mais c'est là une présomption, et je dois avouer n'avoir rien constaté qui légitime cette pensée. Tout ce que je puis affirmer, c'est que la température de la tumeur est identique à celle de l'associé et que la peau qui la revêt est susceptible de sueur.

» Quant à la muqueuse tapissant la cavité buccale, elle donne lieu à une certaine secrétion, et, de temps en temps, surtout après le sommeil nocturne, on est obligé d'en faire la toilette et de retirer avec un linge les mucus qui s'y sont accumulés. Lors de sa dernière maladie, cettte secrétion devint plus abondante que d'habitude, et la cavité, participant à l'augmentation de la chaleur animale, aurait donné au doigt une sensation tout-à-fait analogue à celle de la bouche de l'enfant associé. Bien que je n'aie pu vérifier cette particularité de la vie morbide, elle me paraît admissible à bien des points de vue : elle est en rapport avec l'état probable de la circulation sanguine, avec l'identité de température constatée en santé, et démontre une fois de plus que le parasite vit aux dépens de son associé ».

Avec la relation de ce cas rare, est achevée cette longue étude, poursuivie au milieu des occupations absorbantes de la clientèle. En l'écrivant, en rassemblant les éléments épars sur lesquels elle repose, j'ai cherché, dans la mesure de mes forces, à combler une des nombreuses lacunes de la science. Malgré la persévérance de mon labeur, je ne saurais me flatter d'avoir complètement réussi. J'ai trop souvent signalé avec franchise les désidérata de l'œuvre pour conserver à cet égard la moindre illusion.

Il est à peine besoin de le dire, il n'a pas dépendu de moi qu'il en fût autrement ; bien des fois la plume s'est heurtée à des obstacles contre lesquels la volonté la plus énergique est forcément impuissante. A l'encontre des œuvres enfantées par l'imagination, les travaux analogues à celui qui vient d'être lu, ne sauraient s'improviser ; ils réclament des loisirs et de nombreux matériaux. Or, si les loisirs sont parcimonieusement accordés au médecin pratiquant, les matériaux ne viennent pas davantage au gré de celui qui les cherche.

Mon exemple, j'en ai la conviction, sera tôt ou tard suivi : d'autres plus jeunes, plus favorisés, reprendront cette tâche ; je leur souhaite de la mener à bien et de couronner l'édifice auquel, ouvrier de la première heure, j'ai eu l'ambition d'apporter quelques pierres.

NOTES

Ce mémoire, lu à l'Académie du Gard dans les séances du 29 janvier et du 12 février 1870, est le résumé de longues et laborieuses recherches effectuées à travers les livres et les recueils de médecine ; en dépit de son étendue, c'est un essai, une ébauche imparfaite et surtout bien incomplète malgré les vingt mois qui ont séparé la composition de la publication. En d'autres circonstances, il n'en eût pas été ainsi ; mais au milieu des événements qui se sont succédé, des malheurs qui ont accablé la France, le calme et les matériaux ont manqué à l'auteur pour poursuivre la tâche qu'il avait entreprise en des temps meilleurs. De là des documents négligés, des propositions simplement énoncées et d'assez nombreuses lacunes à l'endroit des causes des anomalies.

Les notes qui suivent n'ont pas pour but d'effacer ces imperfections, de remédier à ces défauts, mais seulement d'apporter quelques pièces justificatives à l'appui du texte. Le manuscrit primitif était complété par le détail des observations originales; mais, vu le nombre des pages absorbées par le texte, on a cru devoir en supprimer le récit. On les publiera plus tard dans les journaux de médecine.

A. Sur l'invitation du Préfet du Gard, j'ai dû, le 22 octobre 1870 et les jours suivants, participer aux opérations du conseil de révision pour les célibataires de 21 à 40 ans, appartenant au canton de Sommières et aux trois cantons de Nimes. Sur 880 individus examinés, cinq anomalies ont été relevées. Ce sont :

1° Un hypospadias au premier degré.

2° Une membrane palmée existant entre le second et le troisième orteils gauches.

3° Un orteil surnuméraire au bord externe du pied droit.

4° Une envie de naissance de couleur marron, occupant la partie postérieure du cou et ayant l'étendue de la paume de la main : en cet endroit, la peau faisait une légère saillie et était recouverte de poils, les uns blancs, les autres noirs.

5° Un développement exagéré des seins. Chez le nommé Edouard S..., âgé de 25 ans, originaire de Sommières, les mamelles avaient un développement extraordinaire, et étaient, pour la forme et le volume, comparables à celles d'une femme qui n'aurait pas eu d'enfants. Cette anomalie ne doit pas être très-rare : antérieurement, j'avais rencontré deux cas analogues.

B. Je dois remercier également tous ceux qui ont bien voulu m'écrire à cette occasion et me citer les cas intéressants de leur pratique; mais, faute d'indications suffisantes sur le chiffre des naissances, ces divers documents n'ont pu être utilisés. En conséquence, cette note sera consacrée exclusivement au détail des statistiques inédites, ayant concouru aux IVe, Ve et VIe tableaux.

M. le docteur Godefroy, professeur d'accouchements à l'école de médecine de Rennes, a fourni des renseignements sur 13,028 naissances qui se distribuent de la façon suivante:

Accouchements du docteur A. Godefroy........ 9,699
— de Mme Laouasil, ex-sage-femme en chef de la maternité de Rennes. 3,329

Sur ce nombre, il a été relevé treize monstruosités qui se répartissent entre quatre espèces :

I. Anencéphales		4
II. Exencéphales		2
III. Encéphalocèle	podencéphale	1
	proencéphale	1
	rhinencéphale	1
	hernie par un hiatus entre le sphénoïde et l'ethmoïde	1
IV. Phocomélie	des quatre membres	1
	des membres supérieurs	1
	des membres inférieurs	1

Les anomalies naturellement plus communes sont de la tête aux pieds.

I. Hydrocéphales simples	4	6
c. de spina-bifida lombo-sacré	1	
c. de gueule de loup	1	
II. Bec de lièvre	6	6
III. Gueule de loup	3	4
c. d'hydrocéphale pour mémoire	1	
c. de pieds et mains bots	1	
IV. Hernie ombilicale considérable	1	1
V. Atrésie de l'anus, qui se terminait par un canal extrêmement étroit logé dans le raphé du scrotum et s'ouvrait à la partie antérieure des bourses	1	1
VI. Imperforation du vagin (hymen complet)	1	1
VII. Clitoris bifide	1	1
VIII. Hypospadias de la base du gland	6	6
IX. Pieds et mains bots	2	2
c. de gueule de loup pour mém.	1	
X. Pieds bots	10	10
XI. Amputations spontanées. — bras droit sectionné au-dessus du coude	1	4
bras gauche, à moitié coupé au-dessus du coude par une bride (fœtus de 4 mois)	1	
Membre inférieur gauche représenté par un filament du volume d'un gros fil à coudre (embryon de 3 mois)	1	
Pied gauche coupé au-dessus de la malléole	1	
XII. Absence des doigts à la main droite	1	1
XIII. Doigts surnuméraires à chaque main	3	4
Pouce bifide (2me phalange)	1	
XIV. Tumeur encéphaloïde du volume de la tête du fœtus développée entre le coccyx et l'anus	1	1

Outre ces quatorze espèce d'anomalies, le docteur Godefroy signale des têtes asymétriques comme celle de Bichat (6); l'ascite, suite de péritonite chronique (1); le pemphygus syphilitique (1) ; des plaques muqueuses (1) ; l'icthyose (1); la paralysie du nerf facial droit constatée après un accouchement spontané, et persistant encore, bien que cette fille soit actuellement âgée de vingt-cinq ans. Il a observé également, à la naissance, des dents incisives ne tenant pas (3); une dent incisive ayant resté (1), et une dent canine n'ayant point tenu (1). De mon côté, j'ai rencontré une disposition analogue chez une fille de M. C..., rue Vaissette 12, et me suis empressé de détacher cette incisive branlante; ce qui n'a pas empêché qu'au temps ordinaire il y ait eu, en cet endroit, une dent normalement conformée.

M. Delore, chirurgien en chef à l'hôpital de la Charité de Lyon, a bien voulu, sur ma demande, me fournir le document suivant, recueilli dans quatre années de service :

Sur 4,544 enfants nés pendant la durée de cette période, il a constaté, savoir :

Anencéphale	1	4 monstruosités.
Ectromélie	2	
Sirénoméli e	1	
Pieds bots	3	7 anomalies.
Bec de lièvre	2	
Syndactylie	1	
Imperforation de l'anus	1	

Sur 304 accouchements relevés par MM. Liégeard, de Caen, il est signalé, savoir :

2 becs de lièvre, simples,
2 imperforations de l'anus,
2 rétrécissements du rectum.

A propos de ces derniers, leur siége était à 3 centimètres environ de l'anus; ils furent traités avec un plein succès par les bougies fines et ensuite par les tiges de *laminaria digitata*.

Enfin, sur les 778 enfants à l'accouchement desquels j'ai assisté, ou qui avaient été déposés à la Maternité de Toulon, j'ai relevé 7 anomalies dont voici le détail :

2 spina-bifida,
1 ectrodactylie et syndactylie concomitante,
1 syndactylie,

1 cloaque complexe, publié dans la *Gazette des hôpitaux*, 1857, p. 586.

1 utérus unicorne,

1 jambe recourbée, avec absence de deux doigts à chaque main.

C. La statistique de 1866 constate, en France, l'existence de 21, 214 sourds-muets ; mais elle a négligé de relever le nombre de ceux vivant à l'état de mariage, et la manière d'être de leurs produits. Il y avait là pourtant une enquête très-intéressante à faire, enquête indispensable à la science; car, bien que l'induction soit autorisée à intervenir en pareille matière, c'est surtout une question de faits.

A défaut de ce renseignement, on mettra à profit un travail recommandable de M. David Buxton, qui emprunte à des tableaux statistiques des éléments importants.

Après avoir établi, par le recensement officiel, que le nombre des sourds-muets s'élevait, en 1851, dans tout le Royaume-Uni, au chiffre de 17,300, dont 9,572 du sexe masculin, et 7,728 du sexe féminin, et que plus de la moitié avait plus de vingt ans, Buxton se demande : 1° Y a-t-il des raisons suffisantes d'empêcher le mariage des sourds-muets ? 2° Est-il prudent que les sourds-muets s'allient entre eux ?

Sur la première question, le recensement irlandais est favorable à la négative ; car il établit que, dans ce genre d'union, la surdi-mutité passe rarement à la progéniture. De même le chef de l'asile d'Hartford (Amérique) assure qu'il n'a vu « que dans un petit nombre de cas le défaut transmis des parents aux enfants ». Le président de l'Institution de New-York est du même avis. « Assurément, écrit-il, la chance d'avoir *un* enfant sourd-muet sur *cent trente-cinq* ne peut être un obstacle à une union de laquelle dépendent le bonheur et le bien-être des parties ». Cette opinion est partagée par M. Buxton et par moi, s'il est permis de se citer en pareille matière. Entre autres exemples, je connais une famille très-estimée dont la bisaïeule était sourde-muette, laquelle eut 14 enfants, qui tous jouissaient de leurs facultés auditives, et dont les nombreux descendants ont eu une progéniture exempte de cette terrible infirmité.

Mais il en est autrement dès qu'il s'agit du mariage des sourds-muets entre eux. Les résultats sont loin d'être aussi satisfaisants, et bien que, assez fréquemment, les enfants nés de deux sourds-muets possèdent toutes leurs facultés auditives, dans beaucoup d'autres cas les enfants naissent atteints de surdi-mutité. Telle est la conclusion à laquelle arrive l'auteur, après avoir dépouillé de nombreuses statistiques et dont on se dispensera de donner les divers éléments. Il nous suffit d'avoir établi le fait général; quant aux détails, on les trouvera dans le travail original (*The Liverpool, Medico-chirurgical Journal*, n° 2, juillet 1857, p. 167), ainsi que dans la *Gazette hebdomadaire*, qui les a résumés avec soin (*Gaz. hebd.* 1857, p. 582.)

D. La question des mariages consanguins a fourni matière à de si nombreux travaux, qu'il faudrait plus d'une page pour en donner l'indication bibliographique ; aussi a-t-on renoncé à en faire l'énumération. Cette note a simplement pour objet de relever, dans la statistique de la population, le chiffre de ces alliances pendant cinq années.

Mariages consanguins.

DEGRÉ DE PARENTÉ	1861.	1862.	1863.	1864.	1865.
Neveux et tantes..	47	58	67	76	36
Oncles et nièces...	141	156	158	222	171
Cousins germains.	2936	3059	3475	3742	3593
TOTAUX.. ..	3124	3273	3700	4040	3800

La statistique relève en même temps le chiffre des mariages entre beaux-frères et belles-sœurs; mais ceux-ci ont dû être négligés, car ils sont sans intérêt pour la question.

E. Note relative aux IVe et V^{e} tableaux. — Quoique j'aie élagué sept ossifications incomplètes du crâne, un enfoncement du crâne, un lipome à l'occiput, une hydropisie générale, cinq ascites ou hydropisies abdominales, quinze variétés ou maladies comprises dans le relevé de M. Godefroy, le chiffre des anomalies ne laisse pas que d'être très-fort. Cette particularité, peu importante en soi, puisqu'il s'agit de la fréquence relative, tient à ce que la plupart des matériaux ont été recueillis dans des Maternités, et ont été complétés par l'autopsie. A propos de la communication de M. Godefroy, le total, au lieu d'être de 68, est de 61. Cette erreur, reconnue trop tard pour être corrigée, a eu pour conséquence d'augmenter de sept unités le chiffre total des anomalies, et de faire conserver les espèces *ranula congenita*, *phymosis congénital*, *prépuce incomplètement développé*, qu'on avait projeté de laisser de côté à raison de leur insignifiance.

D'autres notes devaient suivre ; mais comme elles ne sont pas absolument indispensables, elles ont été supprimées. Il en est cependant une qui présentait un vif intérêt en ce qu'elle combattait une idée singulièrement aventurée, émise par Darwin, dans son récent ouvrage sur la variation des plantes et des animaux (t. 1, p. 16). Après avoir parlé assez longuement des cas de sexdigitisme ou doigt surnuméraire, sa conclusion est qu'il faut « soupçonner que, même en » l'absence de tout rudiment réel et visible, il existe, chez » tous les mammifères, l'homme compris, une tendance » latente à la formation d'un doigt additionnel ». En conséquence, pour cet auteur, l'apparition d'un doigt surnuméraire pourrait être considéré comme un cas d'atavisme ou, selon ses propres termes, « comme un cas de retour vers un » ancêtre prodigieusement éloigné, d'une organisation » inférieure et multidigité ». Cette manière de voir a incontestablement le mérite de la nouveauté ; mais, par contre, elle ne repose sur aucun fondement solide. C'est une pure hypothèse, complètement illogique, que personne ne prendrait au sérieux, si elle était émise par le premier venu, mais qui, à raison de sa provenance, sera acceptée par les fanatiques comme une véritable découverte.

TABLE DES MATIÈRES

Extrait des *Mémoires de l'Académie du Gard* 1869-70

NIMES. — TYP. CLAVEL-BALLIVET ET Ce, RUE PRADIER, 12.

BIBLIOTHEQUE NATIONALE DE FRANCE
3 7531 03987127 3

www.ingramcontent.com/pod-product-compliance
Ingram Content Group UK Ltd.
Pitfield, Milton Keynes, MK11 3LW, UK
UKHW020243220726
13923UKWH00002B/806

9 782019 495718